数字技术赋能新质生产力研究

曹仁军 著

中国海洋大学出版社

·青岛·

图书在版编目（CIP）数据

数字技术赋能新质生产力研究/曹仁军著.--青岛：
中国海洋大学出版社，2024.6
ISBN 978-7-5670-3861-5

Ⅰ.①数… Ⅱ.①曹… Ⅲ.①数字技术－应用－生产
力－发展－研究－中国 Ⅳ.①F120.2-39

中国国家版本馆CIP数据核字（2024）第097174号

SHUZI JISHU FUNENG XINZHI SHENGCHANLI YANJIU
数字技术赋能新质生产力研究

出版发行	中国海洋大学出版社			
社　　址	青岛市香港东路23号		邮政编码	266071
出 版 人	刘文菁			
网　　址	http://pub.ouc.edu.cn			
订购电话	0532-82032573（传真）			
责任编辑	邹伟真		电　　话	0532-85902533
印　　制	日照日报印务中心			
版　　次	2024年6月第1版			
印　　次	2024年6月第1次印刷			
成品尺寸	140 mm×210 mm			
印　　张	3.75			
字　　数	84千			
印　　数	1—1 000			
定　　价	49.00元			

发现印装质量问题，请致电 0633-2298957，由印刷厂负责调换。

目　录

第一章

时代要求

习近平总书记于 2023 年 9 月在黑龙江考察时指出,整合科技创新资源,引领发展战略性新兴产业和未来产业,加快形成新质生产力。新质生产力的形成与提升,既需要整合科技创新资源,也需要发展战略性新兴产业和未来产业,而这些都离不开数字技术的助力。当今时代,数字技术正以前所未有的速度和广度,渗透到经济社会发展的各个领域,成为推动新质生产力发展的强大引擎。这一发展态势不仅改变了人们的生活方式,更对全球的经济结构和社会发展产生了深远影响。数字技术的广泛应用推动了生产方式的变革。在生产领域,数字化和智能化技术的引入大大提高了生产效率与产品质量。数字技术的普及加速了经济结构的调整。随着数字经济的兴起,传统的产业结构正在发生深刻变化。数字技术的广泛应用催生了新产业、新业态、新模式,为经济增长提供了新动力。数字技术不仅改变了传统的生产方式和商业模式,更在深层次上重塑了社会生产力的发展格局。

第一节　整合科技创新资源的需要

　　科技创新资源是指在科技创新活动中所需的各种要素和条件,包括人才、资金、信息、设备等。这些资源的有效获取和配置,直接关系到科技创新的成效和速度。在当今竞争激烈的全球创新环境中,如何高效、准确地获取科技创新资源,已成为决定一个国家或企业创新能力的重要因素。[①] 数字技术的快速发展,使得创新资源的获取、整合和利用变得更加高效与便捷。通过大数据、云计算、人工智能等先进技术手段,企业可以实现对海量数据的快速处理和分析,从而发现市场的新需求、新技术和新趋势。这种基于数据的洞察能力,使得企业能够更准确地把握市场脉搏,为创新活动提供有力的支撑。[②]

一、科技创新资源的获取需要数字技术

　　传统的创新资源获取方式往往受限于地域、时间、人力和物力等因素,而数字技术的出现,打破了这些限制。数字技术的快速发展,为科技创新资源的获取提供了强大的支持。通过大数据分析、云计算、人工智能等先进技术手段,我们可以更加精准地定位和获取所需资源。比如,大数据技术

[①] 杨东占:《创新驱动发展战略研究》,人民出版社,2017 年版,第 24 页。

[②] 国家工业信息安全发展研究中心:《大数据优秀应用解决方案案例:工业、能源、交通卷》,人民出版社,2018 年版,第 230 页。

可以帮助我们分析全球范围内的科技创新趋势和热点,从而指导我们更加有针对性地获取相关资源[1];云计算则可以实现资源的快速共享和协同,提高资源利用效率[2];人工智能则可以在海量信息中筛选出有价值的内容,大大提高资源获取的效率和准确性。[3] 这不仅大大提高了获取资源的效率,还极大地拓宽了研究视野。

　　以大数据技术为例。大数据技术具有强大的数据挖掘和分析能力,可以对全球范围内的科技创新数据进行深入挖掘。通过对专利数据、科技论文、科技成果等信息的分析,大数据技术可以揭示出科技创新的发展趋势、技术热点和潜在的应用前景。这些分析结果不仅可以帮助我们了解科技创新的现状,还可以预测未来的发展趋势,为科技创新资源的获取提供有力的支持。通过大数据技术,我们可以对全球范围内的科技创新数据进行深入挖掘和分析,找出科技创新的热点领域和关键技术。这有助于我们精准定位科技创新资源的需求,为资源获取提供明确的方向。大数据技术可以帮助我们了解科技创新资源的分布和配置情况,从而优化资源的配置。通过数据分析和预测,我们可以更加合理地分配人才、资金等资源,提高资源的利用效率。大数据技术可以帮助我们识别科技创新资源的供给方和需求方,促进资源的有

---

① 蔡立辉:《基于大数据的社会舆情分析与决策支持研究》,人民出版社,2022 年版,第 169 页。

② 埃森哲:《地平线 2015:中国商业洞察与展望》,东方出版社,2011 年版,第 247 页。

③ 《人工智能与国家治理》编写组著:《人工智能与国家治理》,人民出版社,2020 年版,第 26 页。

效对接。通过对供需双方数据的分析，我们可以发现潜在的合作机会和合作伙伴，提高资源获取的针对性和效率。大数据技术在科技创新领域的应用前景广阔。通过大数据技术的支持，我们可以更加深入地了解全球范围内的科技创新趋势和热点，从而指导我们更加有针对性地获取相关资源。未来，随着大数据技术的不断发展和完善，其在科技创新资源获取方面的应用将更加广泛和深入。

虽然数字技术在科技创新资源获取中发挥了巨大的作用，但也面临着一些挑战。例如，数据的隐私保护、安全问题以及数据质量等问题都需要得到妥善解决。同时，随着技术的不断进步和应用场景的拓展，数字技术将会在资源获取中发挥更加重要的作用。展望未来，我们可以预见，数字技术将会与科技创新资源获取更加紧密地结合，推动科技创新活动向着更加高效、智能化的方向发展。同时，这也将要求我们在资源获取的过程中，更加注重数据的质量和安全性，确保科技创新活动的顺利进行。

二、科技创新资源的整合需要数字技术

在获取大量资源后，如何有效地整合这些资源，殊为关键。数字技术提供了强大的数据处理和分析工具，如数据挖掘、机器学习，使得人们可以更加精准地筛选出有价值的信息，实现资源的有效整合。同时，数字技术还促进了跨学科、跨领域的资源整合，使得不同领域的知识和技术得以融合，为创新研究提供了更加广阔的舞台。

数字技术以其高效、准确的特点，成为资源整合的重要工具。数据挖掘技术能够深度挖掘隐藏在大量数据中的潜

在信息,通过模式识别、关联分析等手段,发现数据间的内在关联和规律。①数据挖掘技术是一种基于大数据的分析方法,它通过对海量数据进行处理、筛选和挖掘,发现其中的有用信息和知识。这一过程涉及多个技术环节,包括数据清洗、数据转换、数据挖掘等。数据挖掘技术不仅能够处理结构化数据,还能够处理非结构化数据,从而实现对各类数据的全面分析。模式识别是数据挖掘的重要手段之一。它通过对数据的特征提取和分类,识别出数据中的模式和规律。模式识别技术可以应用于图像识别、语音识别、文本分类等领域。在数据挖掘中,模式识别技术能够帮助我们发现数据间的潜在关系,为决策提供支持。②关联分析是数据挖掘中的另一种重要方法。它通过对数据间的关联度进行分析,揭示数据间的内在联系。关联分析技术可以应用于购物篮分析、网页推荐等场景。在数据挖掘中,关联分析技术能够帮助我们发现数据间的隐藏关系,为商业决策和科学研究提供新的视角。数据挖掘技术的最终目标是实现数据价值的最大化。通过整合各类资源,包括数据资源、技术资源和人力资源等,我们可以将数据挖掘技术的应用范围扩展到更广泛的领域。同时,通过与其他技术的结合,如云计算、人工智能,我们可以进一步提高数据挖掘的效率和准确性,实现数据价值的最大化。总之,数据挖掘技术作为一种强大的分析工具,能够深度挖掘隐藏在大量数据中的潜在信息,通过模式识别、关

---

① 吕廷君:《大数据时代政府数据开放及法治政府建设》,人民出版社,2019年版,第204页。

② 刘则渊:《技术科学前言图谱与强国战略》,人民出版社,2012年版,第48页。

联分析等手段,发现数据间的内在关联和规律。在未来的发展中,我们应继续探索数据挖掘技术的应用领域,发挥其更大的价值。

机器学习技术则能够根据已有的数据自动学习和优化,实现对新数据的智能处理和分析。机器学习技术基于大数据和算法模型,通过不断地自我学习和调整,实现对数据的深层次挖掘和价值发现。[①]这种自动学习的能力,使得机器学习模型能够不断优化自身,提高对新数据的处理能力。在新数据不断涌现的今天,机器学习技术展现出了强大的智能处理能力。通过对新数据的自动学习,机器学习模型能够迅速识别数据中的模式和规律,进而为决策提供支持。这种智能处理不仅提高了数据处理的效率,更提升了数据的利用价值。机器学习技术还能够有效地整合各类资源,实现资源的优化配置。通过对多源数据的融合和分析,机器学习模型能够发现资源之间的内在联系,为资源的合理配置和高效利用提供科学依据。随着技术的不断进步和应用领域的拓展,机器学习技术将在更多领域展现出其强大的潜力。从医疗健康到金融投资,从城市管理到智能交通,机器学习技术都将为我们带来更加智能、高效和便捷的服务。机器学习技术作为自动学习、新数据智能处理和整合资源的关键工具,正深刻改变着我们的社会和生活方式。我们有理由相信,在不久的将来,这种技术将为我们带来更多的惊喜和可能性。

---

① 国家工业信息安全发展研究中心:《大数据优秀应用解决方案案例:工业、能源、民生卷》,人民出版社,2019 年版,第 39 页。

　　在资源整合的过程中,数据分析是关键。[1]通过对数据的深入分析,我们能够发现数据的内在价值,进而筛选出有价值的信息。这种筛选不仅基于数据的数量,更在于数据的质量和价值。数字技术通过提供高效的数据分析工具,使得这一过程变得更为便捷和准确。数字技术为我们提供了各种高效的数据分析工具,如数据挖掘、机器学习、人工智能。这些工具可以帮助我们快速、准确地筛选出有价值的信息。数字技术可以通过算法和模型对数据进行深度分析和挖掘,从而发现其中的规律和趋势。这有助于提高我们筛选信息的准确性,避免漏掉重要信息或误判无用信息。数字技术可以自动化地完成大量烦琐的数据处理工作,从而大大提高筛选信息的效率。这使得我们可以更快地获取有价值的信息,更好地支持我们的决策和行动。

　　资源的有效整合是数字技术应用的最终目的。在筛选出有价值的信息后,我们需要将这些信息进行有效的整合,以发挥其最大的价值。这包括信息的分类、组织、存储和利用等多个环节。数字技术通过提供强大的信息存储和管理系统,以及便捷的信息检索和利用工具,使得资源的整合变得更为高效和便捷。

　　总之,数字技术为资源的有效整合提供了强大的支持。在获取大量资源后,如何有效地整合这些资源,成为关键。而数字技术正是解决这一问题的有力武器。通过深度挖掘数据的内在价值,实现资源的精准筛选和有效整合,我们能够更好地利用这些资源,推动社会的进步和发展。

---

[1] 国家工业信息安全发展研究中心:《大数据优秀应用解决方案案例:工业、能源、交通卷》,人民出版社,2018年版,第327页。

三、科技创新资源的利用需要数字技术

数字技术的快速发展,推动了创新资源利用方式的变革。通过数字技术,人们可以更加便捷地将理论知识转化为实际应用,实现科研成果的快速转化。同时,数字技术还提供了虚拟实验、模拟仿真等新型研究手段,使得人们可以在更加安全、高效的环境中开展实验和研究,大大提高了科研效率。

数字技术使得大量数据得以快速收集和分析,为企业和政府的决策提供了更加科学与准确的依据。[①] 数据驱动的决策模式正在逐步取代传统的经验决策,成为新的资源利用方式。以前,企业的决策主要依赖于管理者的经验和直觉。然而,随着数据时代的到来,这种模式已经难以适应快速变化的市场环境。数据驱动的决策模式,则强调通过收集、分析和挖掘大量数据,为决策提供科学、客观的依据。[②] 这种模式的崛起,是信息化、数字化发展的必然结果。数据驱动决策模式能够通过数据分析,揭示市场规律,预测未来趋势,为企业提供更加精准的决策依据。它基于数据的决策,避免了经验决策的盲目性和主观性,使决策更加科学、客观。数据驱动的决策模式能够快速处理大量数据,为企业赢得宝贵的决策时间,提高决策效率。如今,越来越多的企业开始采用数据驱动的决策模式。在生产制造领域,通过数据分析可以优

---

① 林吉双:《数字化转型理论与实践》,人民出版社,2023 年版,第 22 页。

② 蔡立辉:《基于大数据的社会舆情分析与决策支持研究》,人民出版社,2022 年版,第 392 页。

化生产流程,提高生产效率;在市场营销领域,通过数据分析可以精准定位目标市场,提高营销效果;在人力资源管理领域,通过数据分析可以优化人才配置,提升员工绩效。数据驱动的决策模式正逐步成为新的资源利用方式[①],其精准、科学、高效的特点将为企业带来更大的竞争优势。在这一背景下,企业应当积极拥抱数据驱动决策模式,不断提升自身的数据处理和分析能力,以应对日益激烈的市场竞争。

云计算技术的普及,使得资源的存储和计算能力大幅提升。企业和个人不再需要购买和维护昂贵的硬件设备,而是通过云服务实现资源的共享和利用,大大降低了资源利用的成本。云计算技术的普及,极大地提升了企业的存储能力。传统的物理存储方式受限于硬件设备的容量和性能,而云计算提供的海量存储空间和高效的数据管理功能,使得企业能够轻松应对日益增长的数据存储需求。通过云存储,企业可以实现数据的集中管理、备份和恢复,大大提高了数据的安全性和可靠性。云计算的弹性扩展和按需付费模式,使得企业能够根据业务需求灵活调整资源使用,避免了资源的浪费。通过云服务,企业无须投入大量资金购买和维护昂贵的硬件设备,只需支付使用的服务费用,大大降低了资源利用的成本。此外,云服务提供商通常具备专业的技术团队和高效的数据中心,能够为企业提供稳定、可靠的服务,进一步减少了企业的运营风险。云计算技术的普及为企业带来了前所未有的资源存储和计算能力提升,同时也人人降低了资源

[①] 徐翔:《数字经济时代:大数据与人工智能驱动新经济发展》,人民出版社,2021年版,第175页。

利用的成本。[①] 未来,随着云计算技术的不断发展和创新,其在企业数字化转型中的作用将更加凸显,为企业创造更大的价值。

　　人工智能技术的发展,使得机器能够自动完成一些复杂和重复性的工作,释放了大量的人力资源。同时,人工智能还能够通过学习和优化,不断提升资源利用的效率和精度。[②]AI 技术可以通过对大量数据的收集、分析和处理,发现数据背后的规律和趋势,从而实现对资源的精准预测和分配。这种预测和分配使得资源更加合理、高效地利用,避免浪费和冗余。AI 技术可以通过机器学习算法,对决策过程进行优化。例如,在金融领域,AI 可以通过分析市场数据,为投资者提供更加精准的投资建议;在交通领域,AI 可以通过分析交通流量数据,优化交通路线和信号灯控制,提高交通效率。AI 技术可以实现对各种设备和系统的自动化和智能化管理。例如,在工业生产中,AI 可以通过对生产设备的实时监控和数据分析,预测设备故障并进行自动维修,从而提高生产效率和设备利用率。AI 技术可以通过图像识别、语音识别等技术手段,实现对各种对象的精准识别和优化。例如,在医疗领域,AI 可以通过图像识别技术,辅助医生进行疾病诊断和治疗方案的制定,提高诊断的准确性和治疗效果。AI 技术可以通过不断学习和优化,实现自身性能的持续提升。例如,在智能推荐系统中,AI 可以通过分析用户行为和反馈

---

① 成卓、刘国艳:《面向大数据时代的数字经济发展举措研究》,人民出版社,2020 年版,第 72 页。

② 本书编写组:《深入实施创新驱动发展战略》,中国计划出版社,2020 年版,第 172 页。

数据,不断优化推荐算法,提高推荐的准确性和用户满意度。

数字技术推动的创新资源利用方式的变革,不仅提高了资源的利用效率,还推动了传统产业的转型升级,促进了新兴产业的快速发展。[1] 数字技术使得信息的传递和处理变得更加高效,提高了社会的整体运行效率。数字技术为创新提供了强大的支持,使得创新变得更加容易和快速,推动了社会的持续进步。

综上所述,数字技术的快速发展,推动了创新资源的利用方式的变革。这种变革不仅提高了资源的利用效率,还促进了产业升级、提升了社会效率、增强了创新能力。面对未来,我们应该继续深化数字技术的研究和应用,推动资源利用方式的持续创新和优化,为社会的繁荣和发展做出更大的贡献。

第二节　发展战略性新兴产业的需要

数字技术的广泛应用,为战略性新兴产业的发展提供了强大的技术支撑。在新能源、新材料、生物医药等领域,数字技术通过精准控制、智能分析等手段,推动了这些产业的快速发展。[2] 例如,在新能源领域,数字技术可以帮助企业实现对可再生能源的高效利用和智能管理;在新材料领域,数字

---

[1] 任保平:《数字经济驱动经济高质量发展的逻辑》,人民出版社,2023年版,第53页。

[2] 郑庆东:《习近平经济思想研究文集》,人民出版社,2023年版,第374页。

技术可以助力企业实现对新材料的精准研发和性能优化；在生物医药领域，数字技术则可以帮助企业实现对基因、蛋白质等生物信息的快速解析和应用。

一、新能源产业需要数字技术的助力

新能源产业是指以可再生能源为主要利用对象的产业，包括太阳能、风能、水能、生物质能等。随着环境保护和可持续发展的重要性日益凸显，新能源产业得到了快速发展。然而，随着产业规模的扩大，如何实现对可再生能源的高效利用和智能管理成为企业面临的重要课题。数字技术的快速发展为新能源领域提供了有力支持。通过应用大数据、云计算、物联网、人工智能等数字技术，企业可以实现对可再生能源的实时监测、分析和优化管理。

通过物联网技术，实现对可再生能源设备的实时数据采集和监测，确保设备正常运行，提高能源利用效率。物联网技术是一种将物理世界与数字世界相结合的技术，通过传感器、网络、云计算等技术手段，实现对物理世界的感知、传输、处理和控制。[1] 在可再生能源领域，物联网技术的应用可以实现对设备的实时监控和数据采集，帮助运维人员及时发现设备故障，提高设备的运行效率和稳定性。实时数据采集和监测是物联网技术在可再生能源领域应用的核心。通过安装传感器等设备，可以实时监测设备的运行状态、电量、温度、湿度等关键指标，及时发现异常情况，避免设备故障对能源生产造成的影响。同时，通过对数据的分析和处理，还可

---

[1] 王治东：《资本逻辑视域下的技术正义研究》，人民出版社，2021年版，第167页。

以优化设备的运行参数,提高设备的能源利用效率。提高能源利用效率是可再生能源领域的重要目标之一。通过物联网技术实现的实时数据采集和监测,可以帮助运维人员及时发现设备的低效运行状态,并进行调整和优化。[①] 此外,通过对历史数据的分析和挖掘,还可以发现设备运行规律,为设备的维护和优化提供有力支持。这些措施可以有效提高能源利用效率,降低运行成本,推动可再生能源的可持续发展。

利用大数据和云计算技术,可对采集到的数据进行分析和挖掘,发现能源利用的规律和问题,为企业制定优化策略提供依据。新能源企业运用大数据技术,可以实现对各种能源使用数据的全面采集。这些数据包括但不限于太阳能、风能、水能等可再生能源的生产数据,以及企业内部的能源消耗数据。通过构建统一的数据平台,企业能够将分散在各个部门和系统中的数据整合起来,形成一个全面、准确的数据集。在数据采集的基础上,云计算技术为新能源企业提供了强大的数据处理能力。通过云计算平台,企业可以对海量数据进行高效的分析和挖掘。这些分析不仅包括对能源的生产、消耗、存储等环节的实时监控,还包括对历史数据的趋势分析和预测。通过挖掘数据中的深层次信息,企业可以发现能源利用的规律,揭示潜在的能效提升空间。通过对数据的深入分析,新能源企业可以更加清晰地认识到自身在能源利用方面的规律和问题。例如,企业可以发现不同时段、不同地区的能源需求变化,以及不同能源类型之间的互补性。同时,企业还能发现能源利用过程中的能效瓶颈和浪费现象,

---

[①] 王治东:《资本逻辑视域下的技术正义研究》,人民出版社,2021年版,第170页。

为后续的优化工作提供明确的方向。在发现规律和问题的基础上，新能源企业可以利用大数据和云计算技术制定针对性的优化策略。这些策略可能包括调整能源生产计划、优化能源分配、改进能源存储技术、提升能源利用效率等。通过实施这些策略，企业不仅可以提高能源利用效率，降低运营成本，还能为可持续发展做出积极贡献。利用大数据和云计算技术，新能源企业不仅可以实现对能源利用的全面监控和优化，还能为企业的可持续发展提供有力支持。随着技术的不断进步和应用的不断深入，这一领域的前景将更加广阔。

总之，在新能源领域，数字技术可以帮助企业实现高效利用和智能管理。[①] 通过实时监测和分析数据，企业可以及时发现能源利用中的问题，采取有效措施改进，提高能源利用效率。数字技术可以帮助企业实现对设备的远程监控和维护，减少人工巡检的频率和成本，降低运营成本。通过智能调度和控制技术，企业可以确保能源的稳定供应，降低能源供应中断的风险，增强能源安全性。

二、新材料产业需要数字技术的助力

新材料产业是指通过新技术、新工艺、新设备等手段，研发和生产具有优异性能、高附加值、环保节能等特点的新型材料。这些新材料在航空航天、电子信息、生物医疗、新能源等领域有着广泛的应用前景，是推动经济转型升级、实现可持续发展的关键力量。

---

① 秦荣生：《数字经济发展与安全》，人民出版社，2021年版，第25页。

数字技术如大数据、云计算、人工智能为新材料研发提供了强大的数据支持和分析手段。通过收集和分析材料性能、生产工艺、市场需求等方面的数据,研究人员可以更加精准地设计新材料,提高研发效率和成功率。数字技术在生产制造过程中发挥着重要作用。智能制造、物联网等技术的应用,可以实现生产过程的自动化、智能化和精细化,提高生产效率和产品质量。[①] 同时,数字技术还可以帮助企业实现资源的优化配置和节能减排,降低生产成本,增强市场竞争力。数字技术为新材料的市场推广提供了更加广阔的平台。通过互联网、社交媒体等渠道,企业可以迅速传播新材料的特点和优势,扩大品牌知名度和影响力。此外,数字技术还可以帮助企业精准定位目标客户群体,实现精准营销和个性化服务。

在新材料研发过程中,数字技术可以收集和分析大量的数据,包括材料的性能数据、生产工艺参数、市场需求信息等。通过对这些数据进行挖掘和分析,研究人员可以更深入地了解材料的性能特点,掌握生产工艺的关键因素,以及把握市场需求的变化趋势。这些信息为新材料的设计提供了有力的依据,使得研发人员能够更加精准地调整研发策略,提高研发效率。数字技术的应用使得新材料研发过程中的数据收集和分析变得更加高效与准确。[②] 首先,数字技术可以实现对数据的自动化采集和处理,大大减少了人工操作的烦琐和错误。其次,数字技术的数据分析功能可以实现对海

---

① 孙飞:《新经济发展与制度选择》,人民出版社,2017年版,第61页。

② 汤琳佳:《我国中小企业技术源开发的若干问题研究》,人民出版社,2016年版,第261页。

量数据的快速处理和深入挖掘,帮助研究人员发现数据背后的规律和趋势。最后,数字技术还可以通过模拟仿真等技术手段,对新材料的性能进行预测和优化[1],从而缩短研发周期,提高研发效率。许多实践案例表明,数字技术在提升新材料研发成功率方面发挥了重要作用。例如,在航空航天领域,研究人员利用数字技术收集和分析材料的强度、耐热性、抗腐蚀性等多方面的数据,成功研发出了一批高性能的新材料,为航空航天器的性能提升和安全性保障提供了有力支持。在生物医疗领域,数字技术也被广泛应用于药物研发、医疗器械设计等,通过收集和分析生物体的生理数据、药物作用机制等信息,研究人员能够更精准地设计和优化药物与医疗器械,提高研发成功率和治疗效果。

智能制造通过集成先进的制造技术、信息技术和人工智能技术,实现了生产过程的自动化。自动化生产线的应用,极大地减少了人力投入,提高了生产效率。同时,智能制造还能实时监控生产状态,确保生产过程的稳定性和连续性。物联网技术的应用,使得生产设备、产品和生产环境之间能够实现互联互通。通过收集和分析各种数据,物联网技术能够帮助企业实现精准决策,优化生产流程。此外,物联网技术还能实现远程监控和维护,提高生产管理的智能化水平。智能制造和物联网技术的应用,使得生产过程更加精细化。通过对生产过程的精准控制,企业可以生产出更高品质的产品。同时,这些技术还能够帮助企业及时发现并解决生产中的问题,进一步提升产品质量。智能制造和物联网等技术的

---

[1] 刘则渊:《技术科学前言图谱与强国战略》,人民出版社,2012 年版,第 354 页。

应用,不仅提高了生产效率,还提升了产品质量。这种双重提升为企业带来了显著的竞争优势,使得企业能够在激烈的市场竞争中脱颖而出。总之,智能制造和物联网等技术的应用是推动生产过程自动化、智能化和精细化的关键。这些技术的应用将不断提升生产效率和产品质量,为企业创造更大的价值。随着科技的不断进步,我们有理由相信未来的生产过程将更加高效、智能和精细。

三、生物医药产业需要数字技术的助力

在生物医药产业的研发过程中,数字技术发挥着不可替代的作用。通过大数据分析,科研人员可以更加精准地预测药物的作用机制,从而提高研发效率和成功率。此外,数字仿真技术还能够模拟生物体的复杂反应,为药物研发和临床试验提供有力支持。数字技术在生物医药生产流程中也发挥着重要作用。通过引入智能化生产管理系统,企业可以实现对生产过程的实时监控和精准控制,从而提高生产效率和产品质量。同时,数字技术还能够优化供应链管理,降低生产成本,提升企业的市场竞争力。[①] 随着数字技术的不断发展,生物医药产业正面临着数字化转型的重要机遇。通过构建数字化平台,企业可以实现数据的共享和协同,促进产学研用深度融合。数字化转型不仅能够提升企业的运营效率,还能够推动整个行业的创新和发展。在全球化的背景下,生物医药产业需要积极参与国际竞争与合作。数字技术为生物医药企业提供了更加便捷的国际化发展路径。通过数字

---

① 秦荣生:《数字经济发展与安全》,人民出版社,2021 年版,第 66 页。

平台,企业可以轻松地获取国际市场的信息和资源,加强与国外企业和研究机构的合作与交流,推动生物医药产业的国际化发展。

药物研发作为一个数据密集型行业,从化合物的筛选、药效评价到临床试验的整个过程,都离不开数据的支持和分析。大数据分析技术的出现,使得科研人员能够处理和分析前所未有的海量数据。通过对这些数据的深度挖掘,科研人员可以发现药物与生物体之间复杂的作用关系,揭示药物作用机制的内在规律。基于大数据分析,科研人员可以建立精确的数学模型,对药物的作用效果进行预测。这些预测不仅能提高药物研发的成功率,还能缩短研发周期,减少不必要的资源浪费。大数据分析的精准预测,使得科研人员能够更有针对性地进行药物设计和优化①,从而提高研发效率和成功率。这不仅有助于加速新药的上市速度,还能为患者带来更加有效和安全的治疗方案。

数字技术能够优化供应链管理,降低生产成本,提升企业的市场竞争力。传统的供应链管理往往面临着信息不透明、效率低下等问题。而数字技术的引入,如物联网、大数据,使得供应链各环节的信息可以实时共享和更新。企业可以通过数据平台,实时监控货物的运输状态、库存情况、销售数据等,从而做出更加精准的决策。这种透明化的管理方式,不仅提高了供应链的运作效率,也减少了不必要的浪费。通过大数据技术,企业可以分析历史销售数据、市场需求等因素,进行更加准确的库存预测。这不仅能够减少库存积压和

---

① [加]马里奥·邦格:《涌现与汇聚:新质的产生与知识的统一》,人民出版社,2019 年版,第 313 页。

缺货现象,还能降低库存成本。同时,数字技术还可以实现库存的实时监控和预警,确保库存始终处于最佳状态。物流是供应链中不可或缺的一环。数字技术的应用,如智能物流系统、无人驾驶车辆,可以大幅提升物流的效率和准确性。[1]智能物流系统可以根据货物的特性和运输路线,自动选择最优的运输方案,减少运输的时间和成本。而无人驾驶车辆则可以减少人为因素造成的失误,提高物流的可靠性和安全性。数字技术可以实现供应链各环节之间的无缝衔接和协同作业。通过云计算、区块链等技术,企业可以与供应商、分销商等合作伙伴实现信息的实时共享和协同作业,提高整个供应链的运作效率。这种协同整合的模式,不仅可以降低生产成本,还能提高产品质量和服务水平,从而增强企业的市场竞争力。综上,数字技术在供应链管理中发挥着越来越重要的作用。通过透明化管理、优化库存与预测、提升物流效率和准确性以及促进供应链协同与整合等手段,数字技术帮助企业降低成本、提高效率、增强市场竞争力。未来,随着数字技术的不断发展和创新,其在供应链管理中的应用将更加广泛和深入。

通过数字平台,企业可以轻松地获取国际市场的最新动态、政策法规、市场需求等信息。这些信息对于企业的国际化发展至关重要,能够帮助企业及时调整战略,抓住市场机遇。数字技术不仅能够提供信息支持,还能够促进企业的资源优化配置。通过数字化手段,企业可以更加精确地分析市场需求,实现资源的精准投放。同时,数字技术还能够加

---

① 王晓红:《创新设计引领中国制造》,人民出版社,2018 年版,第 222 页。

强企业内部的沟通协作,提高决策效率,为企业的国际化发展打下坚实基础。随着企业国际化程度的加深,国际化管理水平的提升也至关重要。数字技术能够帮助企业实现国际化管理的数字化、智能化,提高企业的管理效率和决策水平。通过数字技术,企业可以更加便捷地进行跨国协作,实现资源的优化配置,提高企业的整体竞争力。数字技术在生物医药企业的国际化发展中发挥着重要作用。通过数字平台,企业可以轻松地获取国际市场的信息和资源,实现资源的优化配置和创新能力的提升。未来,随着数字技术的不断发展和完善,相信生物医药企业的国际化发展将更加高效、便捷。

第二章

现实路径

新质生产力是指在原有生产力的基础上,通过技术创新和产业升级,实现生产效率和经济效益的质的飞跃。数字技术作为新质生产力的重要支撑,能够通过依托人工智能产业构建运行载体、依靠数字技术创新打造核心引擎、依靠数智融合提升数字管理水平、以数字经济集聚效应吸引创新人才等途径,从各方面提升新质生产力。数字技术创新是新质生产力的核心驱动力。它通过引领新质生产力的发展、提升产业竞争力、推动社会进步等方式,为经济社会的快速发展提供强大动力。未来,我们应该继续加强数字技术的创新和应用,充分发挥其在提升新质生产力中的重要作用。

第一节　依托人工智能产业构建运行载体

人工智能产业是新质生产力的典型代表。它通过深度学习、大数据分析、机器学习等技术手段,实现了对生产过程的智能化改造。[①] 这种改造不仅提高了生产效率,降低了成本,更重要的是,它改变了生产力的本质,使得生产力的发展更加依赖于知识和技术的创新。作为新质生产力的运行载体,人工智能产业具有显著的优势。首先,它能够实现对资源的优化配置,减少浪费,提高资源利用效率。其次,人工智能产业的创新能力强,能够不断推动技术进步,为生产力的提升提供源源不断的动力。最后,人工智能产业具有高度的渗透性,能够渗透到各个传统行业中,推动传统产业的转型升级。

一、加强人工智能技术的研发和应用,不断提高技术的成熟度和普及率

随着科技的飞速发展,人工智能技术已成为推动新质生产力发展的重要动力。我们应当深刻认识到加强人工智能技术的研发和应用对于提升社会生产力与推动经济社会发展的重要性。

为加强人工智能技术的研发,政府和企业应增加对人工智能技术研发的投入,包括资金、人才和设备等方面,以确保技术的持续创新和突破。深化产学研合作,加强高校、科研机构和企业之间的合作,形成产学研一体化的研发体系,推动人工智能技术的快速发展。鼓励创新,为人工智能领域的创新提供宽松的环境和政策支持,鼓励企业和个人积极参与技术研发,推动技术成果的转化和应用。

为提高人工智能技术的成熟度和普及率,应该制定和

① 伍刚:《网络创新——中国网络强国战略中的创新路径研究》,人民出版社,2021年版,第241页。

完善人工智能技术的标准和规范,确保技术的稳定性和可靠性,提高技术的成熟度。加大对人工智能领域人才的培养力度,提高从业人员的专业素质和技能水平,为技术的普及和应用提供人才保障。积极拓展人工智能技术的应用领域,包括智能制造、智慧医疗、智能交通等,推动技术在各行业的广泛应用。

为新质生产力构建运行载体,应做到如下几点:第一,通过人工智能技术推动产业结构的优化升级,提高生产效率和质量,为新质生产力的发展提供有力支撑;第二,促进经济转型升级,人工智能技术可以推动经济从低附加值向高附加值转变,从传统产业向新兴产业转变,促进经济的转型升级;第三,提升社会生产力,人工智能技术可以提高社会生产力和效率,降低生产成本和资源消耗,为经济社会发展提供持续动力。综上所述,加强人工智能技术的研发和应用对于新质生产力的构建和运行至关重要。[①] 我们应当加大投入、深化合作、鼓励创新,不断提高技术的成熟度和普及率,为新质生产力的发展提供有力支撑。同时,我们还需优化产业结构、促进经济转型升级、提升社会生产力,为经济社会发展注入新的活力。只有这样,我们才能在新一轮科技革命和产业变革中抢占先机,实现经济社会的持续繁荣和发展。

二、推动人工智能产业与传统产业的深度融合,实现产业结构的优化升级

将人工智能(AI)产业与传统产业深度融合,不仅能够

[①] 伍刚:《网络创新——中国网络强国战略中的创新路径研究》,人民出版社,2021 年版,第 242 页。

催生出新质生产力,还能为产业结构的优化升级提供有力支撑。

在全球范围内,人工智能的应用正迅速普及,成为各国竞相布局的战略领域。只有顺应这一趋势,才能实现产业的可持续发展。传统产业面临技术落后、效率低下等问题,通过与 AI 产业的融合,可以实现生产流程的智能化改造,提高生产效率和产品质量。深度融合有助于推动经济从高速增长转向高质量发展,实现经济结构的优化和升级。

要达到人工智能产业与传统产业深度融合的目的,需要做到以下几点:第一,政府应制定相关政策和规划,为 AI 产业与传统产业的融合提供指导和支持,包括资金扶持、税收优惠等;第二,加强人工智能技术的研发和创新,推动先进技术在传统产业的广泛应用,提高融合的技术水平和成效;第三,重视 AI 领域的人才培养,同时引进国际先进人才和技术,为深度融合提供智力支持;第四,加强 AI 产业与传统产业之间的协同合作,形成产业链上下游的紧密配合,共同推动产业融合。

第一,政府应制定相关政策和规划,为 AI 产业与传统产业的融合提供指导和支持。AI 产业与传统产业的融合,能够带来显著的效益[①]。一方面,AI 技术可以提升传统产业的智能化水平,提高生产效率和产品质量。另一方面,传统产业的资源和经验可以为 AI 技术的研发和应用提供有力支撑。这种融合不仅能够促进产业升级和转型,还能推动经济的可持续发展。政府在 AI 产业与传统产业融合中扮演着关

---

① 熊辉:《党员干部人工智能学习参要》,人民出版社,2019 年版,第 51 页。

键角色。政府应制定相关政策和规划,为融合提供指导和支持。这包括资金扶持、税收优惠等方面的措施,以激发企业的创新活力和市场竞争力。资金扶持是政府支持 AI 产业与传统产业融合的重要手段。政府可以通过设立专项资金、提供贷款担保等方式,为企业提供资金支持,降低融资成本,推动项目的顺利实施。此外,税收优惠也是重要的激励措施。政府可以通过减免企业所得税、增值税等税收,降低企业的经营成本,增加企业的盈利空间,进一步激发企业的创新动力。为确保政策和规划的有效实施,政府还需要采取一系列保障措施。这包括加强政策宣传和培训,提高企业和公众对 AI 产业与传统产业融合的认识和理解;建立健全监管机制,确保政策的有效执行和资源的合理分配;加强与国际社会的合作与交流,学习借鉴先进经验和技术成果,推动 AI 产业与传统产业融合的国际化发展。

第二,加强人工智能技术的研发和创新,推动先进技术在传统产业的广泛应用,提高融合的技术水平和成效。政府和企业应加大对人工智能技术的研发投入,提高研发经费占比,确保关键技术领域的持续创新。加强人工智能领域的人才培养,鼓励高校、科研机构和企业合作,共同培养具备创新精神和实践能力的优秀人才。同时,积极引进国际先进人才,提高我国人工智能领域的整体实力。完善知识产权保护法律法规,加大对侵犯知识产权行为的打击力度,激发企业和个人的创新热情。鼓励传统产业应用人工智能技术,实现产业升级转型,提高生产效率和产品质量。例如,通过引入智能生产线、智能仓储等解决方案,降低生产成本,提升竞争力。支持企业开展智能化改造,利用人工智能技术优化生产流程、提高产品质量、降低能耗和减少排放。这有助于实现可持续发展,提升我国在全球产业链中的地位。鼓励传统产业应用人工智能技术,实现产业升级转型,提高生产效率和产品质量。[1] 例如,通过引入智能生产线、智能仓储等解决方案,降低生产成本,提升竞争力。支持企业开展智能化改造,利用人工智能技术优化生产流程、提高产品质量、降低能耗和减少排放。这有助于实现可持续发展,提升我国在全球产业链中的地位。为提高融合的技术水平和成效,应做到以下几点。首先,加强人工智能技术与其他领域的跨界融合,如医疗、教育、交通,推动各行业创新发展。通过跨界融合,可以拓展人工智能技术的应用范围,提高技术应用的广度和深度。其次,鼓励企业和科研机构开展技术创新与应用示范,推动先进技术在传统产业的广泛应用。通过示范项目,可以展示人工智能技术在传统产业中的实际应用效果,为其他企业提供参考和借鉴。再次,政府应出台相关政策和措施,支持人工智能技术在传统产业的广泛应用。例如,提供税收优惠、资金支持等激励政策,降低企业应用新技术的门槛和成本。同时,加强对人工智能技术的监管和规范,确保技术的健康发展和安全应用。总之,加强人工智能技术的研发和创新,推动先进技术在传统产业的广泛应用,提高融合的技术水平和成效,对提升我国在全球科技竞争中的地位、促进经济增长和社会进步具有重要意义。我们需要政府、企业和社会各界共同努力,形成合力,共同推动人工智能技术在传统产业的广泛应用和发展。

---

[1] 熊辉:《党员干部人工智能学习参考》,人民出版社,2019年版,第52页。

　　第三,重视 AI 领域的人才培养,同时引进国际先进人才和技术,为深度融合提供智力支持。随着 AI 技术的迅猛发展和广泛应用,其在社会、经济、科技等多个领域产生了深远影响。为了保持和提升我国在全球 AI 领域的竞争力,必须高度重视 AI 领域的人才培养,并积极引进国际先进人才和技术,为 AI 技术的深度融合提供坚实的智力支持。AI 领域的发展离不开高素质的人才队伍。因此,我们需要从教育层面着手,加强 AI 相关专业的建设,提高教育质量。这包括增加 AI 相关课程的设置,优化课程体系,以及引入更多具有实践经验的教师。同时,我们还应该鼓励企业、高校和研究机构之间的合作,共同培养具备创新精神和实践能力的 AI 人才。在全球化背景下,国际间的交流与合作对于 AI 领域的发展至关重要。我们应该积极引进国外优秀的 AI 人才,通过提供优厚的待遇和良好的工作环境,吸引他们来华工作和研究。同时,我们还应该加强与国际先进技术的交流与合作,引进先进的 AI 技术和研发成果,推动国内 AI 技术的创新和发展。AI 技术的深度融合是推动经济社会发展的关键。为了实现这一目标,我们需要充分利用国内外的人才和技术资源,加强跨领域、跨行业的合作与交流。通过搭建合作平台、举办交流活动等方式,促进 AI 技术与各行业的深度融合,推动我国经济社会的数字化转型。为了激发 AI 领域的创新活力,我们需要构建一个开放、包容、协作的创新生态。这包括完善创新政策体系、加强知识产权保护、优化创新环境等方面的工作。通过构建良好的创新生态,为 AI 领域的人才培养和技术引进提供有力支持,推动 AI 技术的持续创新和应用。总之,重视 AI 领域的人才培养,同时引进国际先进人才和技术,是推动我国 AI 领域持续发展和深度融合的重要举措。通过加强人才培养、引进国际资源、促进技术融合以及构建良好创新生态等方面的努力,可以为我国的 AI 领域提供坚实的智力支持,推动我国经济社会的数字化转型和高质量发展。

第四,加强 AI 产业与传统产业之间的协同合作,形成产业链上下游的紧密配合,共同推动产业融合。[1]AI 产业的发展离不开传统产业的支持。传统产业在资源、市场、人才等方面具有深厚积累,可以为 AI 产业提供坚实的物质基础和市场空间。同时,AI 技术也可以为传统产业提供智能化升级的解决方案,提升产业效率,实现高质量发展。因此,加强 AI 产业与传统产业之间的协同合作,对于推动产业融合具有重要意义。要实现 AI 产业与传统产业的协同合作,必须形成产业链上下游的紧密配合。上游的 AI 技术研发和应用需要与下游的传统产业需求相结合,确保技术的实用性和市场适应性。同时,传统产业也应积极拥抱 AI 技术,通过技术改造和产业升级,提升产业链的整体竞争力。产业融合是协同合作和紧密配合的最终目标。通过 AI 技术与传统产业的深度融合,可以催生新产业、新业态、新模式,推动经济结构的优化升级。政府、企业和社会各界应共同努力,加强政策引导、资金投入和人才培养,为产业融合创造有利条件。加强 AI 产业与传统产业之间的协同合作,形成产业链上下游的紧密配合,共同推动产业融合,是时代发展的必然要求,也是实现经济高质量发展的必由之路。

---

① 林吉双:《数字化转型理论与实践》,人民出版社,2023 年版,第 42 页。

三、完善人工智能产业的相关政策和法规，为产业的健康发展提供有力保障

政策和法规在人工智能产业的发展中扮演着至关重要的角色。它们不仅为产业提供了明确的指导方向和发展框架，还确保了产业的规范有序运行。[①] 完善的人工智能政策和法规能够为企业提供稳定的预期，促进创新资源的集聚，降低市场的不确定性，从而推动产业的持续健康发展。当前，人工智能产业在政策和法规方面仍面临诸多挑战。例如，数据保护、隐私安全、算法公正性等问题日益凸显，对传统的政策和法规体系提出了新的挑战。此外，不同国家和地区在人工智能政策和法规的制定上存在差异，可能导致全球范围内的不公平竞争和市场分割。

为了应对这些挑战，我们需要从以下几个方面完善人工智能产业的相关政策和法规：建立综合协调机制，加强跨部门、跨领域的政策协调，形成推动人工智能发展的合力；明确数据保护和隐私安全要求，制定严格的数据保护和隐私安全法规，确保个人信息的合法使用和安全保护；推动算法公正性和透明度，要求人工智能算法的设计和使用必须遵循公正、透明、可解释的原则，防止算法歧视和不公平现象的发生；加强国际合作与交流，推动全球范围内的人工智能政策和法规的协调与对接，促进国际合作与交流。

首先，建立综合协调机制，加强跨部门、跨领域的政策协调，形成推动人工智能发展的合力。人工智能作为引领未来的战略性技术，其发展需要政府、企业、科研机构和社会公众

---

① 宋永端：《人工智能 未来已来》，人民出版社，2021年版，第157页。

等多方参与。然而,由于各部门、各领域的利益诉求和发展目标存在差异,往往导致政策制定和执行过程中的碎片化现象。这不仅影响了政策的效果,还可能阻碍人工智能技术的健康发展。因此,建立综合协调机制显得尤为重要。为了加强政策协调,应成立专门的人工智能发展协调机构,负责统筹规划、综合协调各方面的工作。该机构应具备高度的权威性和独立性,能够整合各部门、各领域的资源,确保政策的一致性和连贯性。同时,还应加强与国际社会的交流合作,借鉴先进经验,共同推动人工智能的全球发展。综合协调机制的建立和政策协调的加强,旨在形成推动人工智能发展的合力。这包括以下几个方面:第一,政府应出台一系列支持人工智能发展的政策措施,如财政补贴、税收优惠、人才培养,为企业和科研机构创造良好的发展环境;第二,鼓励企业和科研机构加大研发投入,突破关键技术瓶颈,推动人工智能技术不断创新和突破;第三,制定和完善人工智能的伦理规范,确保技术的健康发展,避免滥用和误用;第四,加强公众对人工智能的认知和理解,提高社会对人工智能的接受度和支持度,形成全社会共同参与推动人工智能发展的良好氛围。通过建立综合协调机制,加强跨部门、跨领域的政策协调,我们可以形成推动人工智能发展的合力。这将有助于充分发挥人工智能的潜力,促进经济社会的持续发展和进步。同时,我们也需要保持警惕,确保人工智能技术的健康发展,为人类的未来创造更加美好的前景。

其次,明确数据保护和隐私安全要求,制定严格的数据保护和隐私安全法规,确保个人信息的合法使用和安全保护。数据保护和隐私安全的基本要求包括数据的完整性、可用性、保密性和可控性。这要求我们在数据采集、存储、处理、传输和销毁的全生命周期中，要采取有效的技术手段和管理措施，确保数据不被非法获取、篡改或滥用。法规的制定应着眼于数据的全生命周期，从源头上规范数据的采集行为，明确数据使用的目的、范围和方式。同时，法规还应对数据跨境流动进行严格监管，防止数据泄露给境外机构或个人。此外，对于违反数据保护和隐私安全法规的行为，应加大处罚力度，提高违法成本。个人信息的保护不仅关系到个人的隐私权，也关系到社会的公共安全。因此，我们应确保个人信息的合法使用，严格限制非必要的数据收集，避免过度采集和滥用。同时，我们还应加强个人信息的安全保护，采用先进的加密技术、匿名化技术等手段，确保个人信息不被非法获取和利用。数据保护和隐私安全法规的实施需要强有力的监管和执法保障。相关部门应加强对数据使用行为的监管，建立健全数据保护和隐私安全的监管体系，及时发现和查处违法行为。同时，还应加强国际合作，共同打击跨境数据犯罪。公众的数据保护和隐私安全意识是数据保护和隐私安全的重要保障。我们应通过宣传教育、培训等方式，提高公众对数据保护和隐私安全的认识与重视程度，引导公众合理使用和保护个人信息。综上所述，明确数据保护和隐私安全要求，制定严格的数据保护和隐私安全法规，确保个人信息的合法使用和安全保护，是我们当前和未来一段时间的重要任务。我们需要全社会共同努力，共同构建一个安全、可靠、高效的数据保护和隐私安全体系。

再次，推动算法公正性和透明度，要求人工智能算法的设计和使用必须遵循公正、透明、可解释的原则，防止算法歧视和不公平现象的发生。算法公正性是指算法在处理信息、做出决策时,不偏袒任何一方,确保所有人受到平等对待。在诸如招聘、信贷、医疗等关键领域,算法的公正性直接关乎个体权益和社会公平正义。因此,推动算法公正性不仅是对个体权利的尊重,也是对社会和谐的维护。算法透明度要求算法的设计和使用过程能够被用户理解和信任。一个不透明的算法可能导致用户对其结果产生怀疑,甚至引发恐慌和误解。因此,提高算法的透明度有助于建立用户信任,促进 AI 技术的广泛应用和健康发展。可解释性是指算法能够为用户提供清晰、易于理解的决策依据。为实现算法的可解释性①,我们可以采取以下途径:首先,设计简洁明了的算法模型,避免过度复杂导致难以解释;其次,利用可视化工具将算法决策过程呈现出来,帮助用户直观理解;最后,通过提供算法决策依据的说明文档,使用户能够全面了解算法决策背后的逻辑。为防止算法歧视和不公平现象的发生,我们需要在算法设计和使用过程中采取一系列策略:首先,建立严格的算法审查和监管机制,确保算法符合公正、透明、可解释的原则;其次,对算法进行定期评估和调整,以应对社会环境的变化和用户需求的更新;最后,加强对算法使用者的培训和教育,提高其对算法公正性和透明度的认识。总之,推动算法公正性和透明度是确保 AI 技术健康、可持续发展的关键。我们应该从算法设计、使用、监管等多个方面入手,共同营造一个公正、透明、可解释的 AI 算法环境。

最后,加强国际合作与交流,推动全球范围内的人工智

---

① 本书编写组:《国家人工智能安全知识百问》,人民出版社,2023 年版,第 069 页。

能政策和法规的协调与对接,促进国际合作与交流。AI已经逐渐成为全球关注的焦点。面对这一变革性技术,各国政府都在积极探索其发展前景与潜在风险,并制定相应的政策和法规。然而,人工智能的跨国性质决定了单一国家的政策和法规难以应对所有问题。因此,加强国际合作与交流,推动全球范围内的人工智能政策和法规的协调与对接,成为促进国际合作与交流的紧迫任务。人工智能技术的快速发展和应用,不仅改变了人们的生活方式,也对经济、社会、文化等方面产生了深远影响。然而,各国在人工智能领域的发展水平和政策取向存在显著差异,这可能导致技术壁垒、市场分割和安全隐患等问题。因此,加强国际合作与交流,有助于各国共同应对挑战,分享发展成果,促进技术进步和应用普及。为了实现人工智能领域的全球治理,各国需要加强政策和法规的协调与对接。这包括建立统一的国际标准和规范,推动跨国合作项目的开展,加强知识产权保护等方面。通过政策对话和协商,各国可以增进理解,减少分歧,形成共同的发展愿景和行动纲领。通过国际组织、论坛和会议等平台,加强各国在人工智能领域的交流与合作,共同推动全球治理体系的完善。通过互派学者、研究人员和学生等方式,促进人工智能领域的人才培养和知识共享,为国际合作与交流提供智力支持。鼓励跨国企业、研究机构和高校等开展联合研发和技术转移,推动人工智能技术的创新与应用。共同制定和完善数据安全、隐私保护等方面的国际标准和规范,维护全球网络安全和人民权益。加强国际合作与交流,推动全球范围内的人工智能政策和法规的协调与对接,是促进国际合作与交流的重要途径。各国应秉持开放、包容、合作、共赢的理念,共同应对挑战,分享发展机遇,推动人工智能技术的健康发展,造福人类社会。

四、加强人才培养和引进,为人工智能产业的发展提供充足的人才支持

随着科技的飞速发展,AI产业正逐步成为推动经济社会发展的新引擎。在这一浪潮中,人才成了最为关键的因素。为了保持我国在全球AI领域的竞争力,加强人才培养和引进显得尤为迫切。

要在中小学阶段引入AI基础知识,培养学生的逻辑思维和创新能力,为未来的AI人才储备打下坚实的基础。高校作为人才培养的摇篮,应增设AI相关专业,优化课程体系,加强与企业的合作,为学生提供更多的实践机会。[①] 针对在职人员,开展AI技能培训,帮助他们跟上技术发展的步伐,提升行业整体的技能水平。要加强与国际AI研究机构的合作,吸引海外高层次人才来华交流、研究,形成人才汇聚的磁场效应。为海外优秀人才提供优厚的待遇和便利的生活条件,简化签证和居留手续,打造宜业宜居的引才环境。建立全球AI人才库,实现信息共享,为企业和研究机构提供精准的人才匹配服务。

要建立科学、公正的人才评价体系,激励人才持续创新,实现个人价值与社会价值的双赢。在当今快速发展的社会背景下,人才成为推动社会进步的核心力量。然而,如何科学、公正地评价人才,并有效激励他们持续创新,既是社会关

[①] 徐英瑾:《心智、语言和机器:维特根斯坦哲学和人工智能科学的对话》,人民出版社,2013年版,第11页。

注的焦点,也是人才管理领域的难题。科学、公正的人才评价体系是激发人才创新活力的重要保障。一个合理的人才评价体系不仅能够准确衡量人才的综合素质和能力水平,还能够引导人才朝着社会需要的方向发展。同时,公正性是人才评价体系的核心要求,只有确保评价过程的公开、公平、公正,才能避免人才评价中的偏见和歧视,真正发现和选拔出优秀人才。人才评价不应局限于学术成果或经济效益,而应包括创新能力、团队协作、社会责任等多方面的指标。这样的评价体系能够更全面地反映人才的综合素质和发展潜力。在人才评价中,既要注重量化指标的可操作性和客观性,也要关注定性指标的主观性和深入性。通过定量与定性相结合的评价方法,可以更加准确地评估人才的实际情况和发展趋势。人才评价不应是一次性的活动,而应是一个动态的过程。通过定期的评价和反馈,可以及时调整人才的发展方向和培养策略,促进人才的持续成长。为人才提供充足的创新资源和平台,是激发他们创新活力的关键。通过设立创新基金、建设创新实验室等措施,可以为人才提供必要的支持和保障,推动他们不断突破自我、实现创新。创新氛围的营造对于激发人才创新活力至关重要。通过组织创新竞赛、举办学术交流等活动,可以激发人才的创新热情,促进不同领域之间的交流和合作。建立与人才评价体系相配套的激励机制,是激发人才创新活力的重要手段。通过设立奖励制度、晋升机会等措施,可以激励人才不断追求卓越、实现自我价值。个人价值与社会价值的双赢是人才评价体系的最终目标。在科学、公正的人才评价体系下,人才不仅能够实现个人价值的最大化,还能够为社会做出更大的贡献。同时,社会的进步和发展也为人才提供了更加广阔的舞台和机会,促进了人才的全面发展和自我实现。

要打破人才流动的壁垒,促进人才在不同地区、不同行业、不同所有制单位之间的合理流动。在知识经济时代,人才是推动社会进步和经济发展的核心动力。然而,当前人才流动仍面临着诸多壁垒,这些壁垒限制了人才的自由流动和合理配置,影响了社会创新能力和经济活力。因此,打破人才流动的壁垒,促进人才在不同地区、不同行业、不同所有制单位之间的合理流动,成为当前亟待解决的问题。当前,人才流动壁垒主要体现在以下几个方面:一是地域壁垒,由于地区发展不平衡,一些地区对人才吸引力不足,导致人才难以跨地区流动;二是行业壁垒,不同行业之间缺乏有效的人才流通机制,导致人才在行业内部难以流动;三是所有制壁垒,国有、民营、外资企业等不同所有制单位之间的人才流动受到体制、机制等因素的限制。打破人才流动壁垒,对于促进人才资源的合理配置和有效利用具有重要意义。首先,打破地域壁垒有助于缩小地区发展差距,推动区域协调发展;其次,打破行业壁垒可以促进不同行业之间的交流和融合,推动产业转型升级;最后,打破所有制壁垒有利于激发市场活力,推动不同所有制单位之间的公平竞争。为了打破人才流动的壁垒,促进人才在不同地区、不同行业、不同所有制单位之间的合理流动,我们可以采取以下措施:一是完善人才流动政策,消除制度性障碍;二是加强人才市场监管,规范市场秩序;三是建立健全人才评价体系,促进人才价值的合理认定;四是加强人才培训和交流,提升人才综合素质和跨行业、跨地区适应能力。打破人才流动的壁垒,促进人才在不同地区、不同行业、不同所有制单位之间的合理流动,是推动社会进步和经济发展的必然要求。我们需要从政策、市场、评价、培训等多个方面入手,共同推动人才流动的合理化和高效化,为经济社会发展提供强有力的人才支撑。

要完善知识产权保护法律法规,保护创新成果,激发人才的创造力和积极性。在知识经济时代,创新是推动社会进步的核心动力,而知识产权保护则是激发人才创造力和积极性的重要保障。[①] 当前,随着科技的飞速发展和国际竞争的日益激烈,完善知识产权保护法律法规显得尤为迫切。知识产权是创新成果的法律表现形式,它涵盖了专利、商标、著作权等多个方面。完善的知识产权保护法律法规,不仅能够为创新者提供坚实的法律支撑,还能够有效遏制侵权行为,维护市场秩序和公平竞争。当前,我国在这方面已取得了显著成就,但仍存在一些问题和不足,如法律条款的细化程度不够、执法力度有待加强等。创新成果是国家和民族宝贵的财富,它代表着科技进步和文化繁荣。保护创新成果,就是保护创新者的合法权益,激发他们持续创新的热情。同时,这也是推动经济社会发展的重要保障。只有让创新者得到应有的回报,才能形成良性循环,吸引更多的人才投身于创新事业。激发人才的创造力和积极性,是知识产权保护工作的最终目的。为此,我们需要采取一系列措施,如加大知识产权宣传力度,提高全社会的知识产权意识;建立健全知识产权奖励机制,对杰出创新成果给予物质和精神双重奖励;加强知识产权培训和教育工作,提升创新者的法律素养和维权

---

① 《关于强化知识产权保护的意见》,人民出版社,2019年版,第16页。

能力。随着全球一体化进程的加快,知识产权保护工作将面临更加严峻的挑战。我们必须紧跟时代步伐,不断完善法律法规体系,提高执法效能,为创新者提供更加坚实的保障。同时,我们也要加强国际合作与交流,共同构建开放、包容、合作、共赢的知识产权保护新格局。

第二节　依靠数字技术创新打造核心引擎

数字技术创新涵盖了云计算、大数据、人工智能、物联网等多个领域,这些技术的融合应用,极大地提高了数据处理能力和分析水平,使得生产过程中的决策更加精准、高效。数字技术创新的价值不仅在于提高了生产效率,更在于它打破了传统产业的边界,催生了新业态、新模式,为经济发展注入了新动力。数字技术创新通过对生产过程的数字化改造,实现了生产资源的优化配置和高效利用,提高了产品的附加值和市场竞争力。数字技术创新还促进了产业链的深度融合,推动了产业结构的优化升级。作为新质生产力的核心引擎,数字技术创新需要不断地突破瓶颈,实现自我更新和升级。这需要政府、企业和科研机构等多方共同努力,加大投入力度,加强技术研发和人才培养,推动数字技术的创新发展。同时,还需要加强数字技术与实体经济的深度融合,推动数字技术在各个领域的广泛应用,形成数字技术与实体经济相互促进、共同发展的良好局面。

一、数字技术创新是新质生产力的核心驱动力

随着科技的飞速发展,数字技术创新已成为新质生产力

的核心驱动力。这种创新不仅推动了经济社会的快速进步，而且深刻地改变了人们的生活方式。①

首先，数字技术创新引领新质生产力发展。数字技术创新是指通过计算机、通信、互联网等信息技术手段，实现信息的快速处理、传输和应用。这种创新不仅提高了生产效率，而且催生了新的产业和商业模式。例如，云计算、大数据、人工智能等技术的广泛应用，为各行各业提供了强大的技术支持，推动了新质生产力的发展。随着科技的飞速发展，云计算、大数据、人工智能等技术的广泛应用已经成为推动社会进步的重要力量。这些技术的出现不仅为各行各业提供了强大的技术支持，更推动了新质生产力的发展，引领了新一轮的科技革命和产业变革。云计算作为一种新兴的计算模式，通过虚拟化技术将计算资源集中管理、动态分配，实现了计算资源的高效利用。它打破了传统计算模式在硬件资源、地理位置等方面的限制，为企业提供了弹性可扩展的计算服务。通过云计算，企业可以快速构建业务应用，降低 IT 成本，提升运营效率。大数据技术的崛起，使得海量数据的收集、存储、处理和分析成为可能。通过对大数据的深入挖掘，企业可以发现隐藏在数据背后的价值，为决策提供有力支持。同时，大数据还促进了各行业之间的数据共享与融合，推动了产业链的协同创新。人工智能技术的快速发展，使得机器具备了模拟人类智能的能力。通过深度学习、机器学习等技术，人工智能可以在图像识别、语音识别、自然语言处理等领域实现突破。在制造业中，人工智能可以优化生产流程，提

---

① 《中华人民共和国国民经济和社会发展第十四个五年规划和 2035 年远景目标纲要》，人民出版社，2021 年版，第 46 页。

高产品质量;在医疗领域,人工智能可以辅助医生进行疾病诊断和治疗;在金融领域,人工智能可以进行风险评估和信用评级等工作。云计算、大数据、人工智能等技术的广泛应用,为各行各业提供了强大的技术支持,推动了新质生产力的发展。这些技术的应用不仅提高了企业的生产效率和服务质量,还促进了产业的转型升级和社会的可持续发展。未来,随着这些技术的不断创新和完善,它们将在更多领域发挥更大的作用,为人类社会的进步贡献更多力量。

其次,数字技术创新提升产业竞争力。数字技术创新在各行各业中的应用,提升了产业竞争力。[①] 在制造业中,数字化技术可以实现生产过程的自动化、智能化,提高生产效率和产品质量。在服务业中,数字化技术可以优化服务流程,提升服务质量。在农业中,数字化技术可以实现精准农业,提高农产品产量和品质。这些应用都极大地提升了产业的竞争力,推动了经济的发展。数字技术创新涵盖了大数据、云计算、人工智能等多个领域,为产业发展提供了强大的技术支撑。通过深度挖掘和分析数据,企业能够更精准地把握市场需求,优化生产流程,提高产品质量。同时,云计算技术的应用使得企业能够实现资源的高效配置和共享,降低运营成本。人工智能技术的运用则为企业提供了智能化决策支持,提升了企业的创新能力。数字技术创新通过自动化、智能化生产线的建设,大幅提高了生产效率,降低了人力成本。同时,通过对生产数据的实时监控和分析,企业能够及时发现生产过程中的问题,进行针对性改进,进一步提高生产质

---

① 秦荣生、赖家才:《数字经济发展与安全》,人民出版社,2021年版,第416页。

量。数字技术创新使得企业能够更深入地了解消费者需求，从而推出更具针对性的产品和服务。此外，通过客户数据分析，企业还能够提供个性化的客户服务，提升客户满意度。数字技术创新为企业带来了更多的市场机会。通过互联网、移动设备等渠道，企业能够更广泛地触达潜在客户，拓展市场份额。同时，线上销售模式的兴起也为企业提供了新的盈利途径。数字技术创新在提升产业竞争力方面发挥着重要作用。通过提高生产效率、优化产品服务和拓展市场渠道等方式，数字技术创新为企业带来了显著的竞争优势。未来，随着数字技术的不断发展和普及，其在产业竞争中的作用将更加凸显。

再次，数字技术创新推动社会进步。随着大数据、云计算、人工智能等数字技术的广泛应用，传统生产领域的生产效率得到了显著提升。智能制造、智慧农业等新模式应运而生，极大地提高了生产自动化和智能化水平。这不仅降低了人力成本，还提高了产品质量和生产效率，为社会经济发展注入了新的活力。数字技术的创新加速了信息的传播和流通。互联网、社交媒体等平台的兴起，使得信息传播更加迅速、广泛。这不仅加强了人与人之间的沟通，还促进了不同文化和思想的交流融合，推动了社会的多元化和包容性发展。在公共服务领域，数字技术的创新同样发挥了重要作用。电子政务、智慧医疗、在线教育等服务的普及，极大地提升了公共服务的便捷性和效率。[1] 人们可以通过手机、电脑等设备随时随地获取所需服务，享受更加高效、个性化的服务体

---

[1] 李韬:《数字健康:构建普惠均等共享的卫生健康共同体》,人民出版社,2021年版,第50页。

验。数字技术创新还为社会治理提供了有力支持。通过大数据分析、人工智能等技术手段,政府可以更加精准地把握社会动态,提高决策的科学性和有效性。同时,数字技术还有助于构建透明、公正的社会治理体系,增强政府的公信力和执行力。数字技术的创新为创新创业提供了广阔的空间。众多创业者和企业借助数字技术平台,开发出众多新产品和服务,不仅丰富了市场供给,还为社会经济发展注入了新的动力。数字技术的创新还催生了一批新兴产业和业态,为社会创造了大量就业机会。随着数字技术的普及和发展,全球化进程得到了进一步推动。数字技术使得跨国交流、贸易、投资等活动更加便捷,加强了不同国家和地区之间的联系与合作。这不仅促进了全球经济的繁荣与发展,还有助于构建人类命运共同体,实现共赢发展。综上所述,数字技术创新在推动社会进步方面发挥了重要作用。它不仅提高了生产效率、促进了信息流通、优化了公共服务、助力了社会治理、促进了创新创业,而且推动了全球化进程。未来,随着数字技术的不断创新和发展,我们有理由相信,它将在推动社会进步方面发挥更加重要的作用。

尽管数字技术创新为新质生产力的发展带来了巨大的推动力,但也面临着一些挑战。例如,数据安全、隐私保护等问题日益凸显[①],需要加强法律法规的建设和执行。此外,数字技术创新也需要不断地进行技术创新和产业升级,以适应经济社会的发展需求。然而,随着技术的不断进步和应用领域的拓展,数字技术创新的前景仍然十分广阔。未来,我

---

① 秦荣生、赖家才:《数字经济发展与安全》,人民出版社,2021年版,第261页。

们可以期待更多的数字化技术在各个领域得到应用,推动新质生产力的进一步发展。同时,也需要加强数字技术的研发和创新,以应对日益复杂的经济社会环境。总之,数字技术创新是新质生产力的核心驱动力。它通过引领新质生产力的发展、提升产业竞争力、推动社会进步等方式,为经济社会的快速发展提供了强大动力。未来,我们应该继续加强数字技术的创新和应用,充分发挥其在经济社会发展中的重要作用。

二、数字技术创新推动产业转型升级

随着数字技术的迅猛发展,其在产业转型升级中的作用日益凸显。数字技术创新不仅重塑了传统产业的生产模式,还催生了众多新兴产业,为全球经济增长注入了新动力。

数字技术的广泛应用,使得传统产业的生产模式发生了深刻变革。通过大数据分析、云计算、物联网等技术手段,企业可以更加精准地掌握市场需求、优化生产流程、提高生产效率。例如,智能制造技术的应用,使得生产过程更加自动化、智能化,降低了人力成本,提高了产品质量。同时,数字技术创新还推动了产业链的协同发展。数字技术创新在产业链中的应用,使得各个环节的联系更加紧密,实现了信息的快速传递和共享。这种技术创新引领了产业链的升级,使得产业链的整体效率和竞争力得到了显著提升。在数字技术的推动下,产业链上的企业可以更加便捷地实现资源共享。无论是生产设备、技术资源,还是人力资源,都可以通过数字平台进行高效配置,从而实现资源的最优利用。这种资源共享模式不仅降低了企业的运营成本,也提高了产业链的整体竞争力。数字技术创新使得产业链上的企业更加精准地找到自身的优势和短板，并通过数字平台实现优势互补。这种优势互补不仅提高了产业链的整体效率，也为企业的发展提供了更多的可能性。数字技术创新推动了产业链的协同发展，实现了资源共享、优势互补。这种协同发展模式不仅提高了产业链的整体效率，也为企业的发展提供了更多机遇。在数字技术的推动下，产业链上的企业可以更加紧密地合作，共同应对市场的变化和挑战。

数字技术创新不仅改造了传统产业，还催生了众多新兴产业，为经济社会发展注入了强大动力。[①] 随着数据量的爆炸式增长，大数据产业应运而生。大数据产业涵盖了数据采集、存储、处理、分析和应用等多个环节，为企业提供了强大的决策支持，推动了各行各业的智能化升级。云计算技术的普及使得计算资源得以共享，大大降低了企业的运营成本。云计算产业为企业提供了弹性可扩展的计算服务，助力企业实现数字化转型。人工智能技术的发展为众多行业带来了革命性的变革。从智能制造到智能家居，从医疗诊断到自动驾驶，人工智能正在逐步改变人类社会的生产方式和生活方式。物联网技术的广泛应用使得万物互联成为可能。通过物联网技术，人们可以实现远程监控、智能控制等功能，为生产生活带来了极大的便利。这些新兴产业具有创新性、高成长性等特点，不仅丰富了产业结构，还为就业市场提供了大量新的岗位。同时，新兴产业的发展也促进了传统产业与数字技术的深度融合，推动了产业转型升级的深入发展。

---

① 任保平：《数字经济驱动经济高质量发展的逻辑》，人民出版社，2023 年版，第 79 页。

数字技术创新为产业创新提供了强大的技术支持。通过数字技术，企业可以更加便捷地获取创新资源、整合创新要素，推动产品创新、服务创新、商业模式创新等。在数字技术的帮助下，企业可以迅速地从全球范围内获取创新资源。通过大数据分析、云计算等技术手段，企业可以实时了解行业动态、市场需求、技术发展等信息，为企业的创新活动提供有力支持。此外，数字技术还可以帮助企业建立广泛的合作网络，与全球各地的创新型企业、研究机构等建立紧密联系，从而获取更多的创新资源和灵感。数字技术使企业能够更加高效地整合创新要素，包括人才、资金、技术等。通过构建高效的内部管理系统，企业可以更好地协调各部门之间的合作，确保创新资源的合理配置。同时，数字技术还可以帮助企业建立灵活的组织架构，以应对市场变化和技术创新带来的挑战。数字技术为企业产品创新提供了强大的支持。通过应用 3D 打印、虚拟现实、增强现实等技术，企业可以迅速将创新理念转化为实际产品，提高产品开发的效率和质量。此外，数字技术还可以帮助企业深入了解消费者需求，为产品设计和改进提供数据支持，从而提升产品的市场竞争力。数字技术为企业服务创新提供了更多可能性。通过运用人工智能、大数据等技术，企业可以为客户提供更加个性化、智能化的服务体验。同时，数字技术还可以帮助企业优化服务流程，提高服务效率和质量，增强客户满意度和忠诚度。数字技术为企业商业模式创新提供了有力支持。通过运用数字技术，企业可以打破传统商业模式的束缚，探索出更加灵活、高效的商业模式。例如，通过运用区块链技术，企业可以实现供应链的透明化和可追溯性，提高供应链的效率和安全性;通过运用物联网技术,企业可以实现设备的远程监控和维护,提高设备的利用率和降低运营成本。

数字技术创新还促进了跨行业、跨领域的协同创新,推动了产业创新生态系统的形成。[①] 这些数字技术创新在推动产业转型升级的同时,也为可持续发展提供了有力支持。通过数字技术,企业可以更加精准地管理资源、降低能耗、减少排放,实现绿色生产。此外,数字技术创新还推动了循环经济、绿色金融等新型经济模式的发展,为可持续发展注入新动力。总之,数字技术创新在推动产业转型升级中发挥着重要作用。通过引领生产模式变革、催生新兴产业、提升产业创新能力以及助力可持续发展等方面的努力,数字技术创新正助力全球经济实现更加绿色、高效、可持续的发展。在未来,随着数字技术的不断进步和应用领域的拓展,其在产业转型升级中的作用将更加凸显。新活动不仅提升了企业的核心竞争力,也推动了整个产业的转型升级。

三、数字技术创新促进经济社会可持续发展

随着科技的飞速进步,数字技术创新已成为推动经济社会可持续发展的重要动力。数字技术的广泛应用不仅改变了我们的生活方式,也对经济社会的可持续发展产生了深远影响。数字技术创新在推动经济社会可持续发展方面发挥着重要作用。一方面,数字技术创新通过优化资源配置、提高生产效率,有助于实现经济的绿色发展和低碳转型。另一方面,数字技术创新在公共服务、社会治理等领域的应用,有

---

① 李庆伟:《互联网+驱动我国制造业升级效率测度与路径优化研究》,人民出版社,2020年版,第70页。

助于提升社会管理和服务水平,增强社会的包容性和韧性。

数字技术创新通过提高生产效率、降低成本、扩大市场等方式,为经济增长提供了新的动力。例如,大数据、云计算等技术的应用,使企业能够更精准地把握市场需求,优化资源配置,从而提高经济效益。数字技术创新催生了一系列新兴产业,如电子商务、数字金融、智能制造等。这些新兴产业的快速发展,不仅为经济增长提供了新的增长点,也为就业创造了更多机会。数字技术创新能够推动传统产业转型升级,提升产业竞争力。例如,工业互联网、智能制造等技术的应用,能够提高传统产业的生产效率、降低成本、提高产品质量,从而使其在市场竞争中占据优势地位。

数字技术创新能够打破信息不对称的壁垒,使更多人享受到便捷、高效的服务。数字技术的出现和不断创新,使得信息的获取、传播和处理变得便捷与高效。大数据、云计算、人工智能等先进技术的应用,使得信息得以更加全面、准确地被收集、分析和展示,大大提高了信息的透明度和可用性。数字技术创新不仅推动了信息透明化,更在服务领域带来了革命性的变革。通过数字技术的运用,许多传统的服务模式得以改进和优化,实现了服务流程的自动化、智能化。这不仅大大提高了服务效率,也使更多的人能够享受到高质量的服务。数字技术创新对于打破信息不对称的壁垒,实现普惠发展具有重大意义。在金融、教育、医疗等领域,数字技术的运用使得更多人能够享受到公平、便捷的服务。例如,通过移动支付和数字金融技术,偏远地区的人们也能够轻松地进行金融交易;在线教育平台的兴起,使得更多人有机会接受高质量的教育资源;远程医疗技术的发展,使得优质的医疗资源能够覆盖更广泛的人群。数字技术创新能够改善人们的生活质量。例如,智能家居、智慧出行等数字技术的应用,能够提高人们的生活便利性、舒适性和安全性。数字技术创新能够提高社会治理的精准性和有效性。例如,大数据分析、人工智能等技术的应用,能够帮助政府更好地把握社会动态、预测风险、制定政策,从而提高社会治理能力。

数字技术创新与可持续发展密切相关。一方面,数字技术创新为可持续发展提供了新的解决方案。例如,在环境保护领域,数字技术创新能够帮助企业实现节能减排、资源循环利用等目标;在公共服务领域,数字技术创新能够提高服务效率、降低服务成本、提高服务质量等。另一方面,可持续发展也为数字技术创新提供了广阔的应用场景和发展空间。例如,在绿色经济、循环经济等领域,数字技术创新能够发挥更大的作用。

总之,数字技术创新在促进经济社会可持续发展方面发挥着重要作用。通过推动经济增长、催生新兴产业、提升产业竞争力等方式,数字技术创新为经济社会的可持续发展提供了新动力。同时,数字技术创新在促进社会公平、提高生活质量、增强社会治理能力等方面也发挥了积极作用。未来,随着数字技术的不断发展和创新,数字技术创新对经济社会可持续发展的促进作用将更加显著。因此,我们应该加强数字技术的研发和应用,推动数字技术与经济社会可持续发展的深度融合,为实现经济社会可持续发展目标做出更大贡献。

四、加强数字技术创新人才培养和体系建设

加强数字技术创新人才培养和体系建设尤为重要,这不

仅关系到我国在全球数字竞争中的地位,更是国家未来可持续发展的关键所在。[①] 数字技术的飞速发展对人才提出了更高要求。当前,我国数字技术领域人才缺口较大,尤其是在高端人才方面,这制约了我国数字技术的创新和发展。因此,加强数字技术创新人才培养,既是满足当前技术发展的迫切需要,也是提升国家核心竞争力的战略选择。

加强数字技术创新人才培养和体系建设是一项长期而艰巨的任务。只有不断优化人才培养路径,完善体系建设,才能培养出更多优秀的数字技术创新人才。应推动高等教育与职业培训相结合,设立更多与数字技术相关的专业和课程,培养学生的创新能力和实践能力。加强与国际先进企业和研究机构的交流合作,引进国外先进的数字技术和教育经验,为我国数字技术创新人才培养提供国际化视野。为此,政府应出台相关政策,为数字技术创新人才培养提供政策支持和资金保障。建立数字技术创新人才培养的公共服务平台,提供资源共享、技术交流和项目合作的机会。完善人才评价和激励机制,激发数字技术创新人才的积极性和创造力。

首先,应推动高等教育与职业培训相结合,设立更多与数字技术相关的专业和课程,培养学生的创新能力和实践能力。高等教育注重理论知识的传授和研究能力的培养,而职业培训则侧重于实践技能的提升和职业素养的塑造。将两者相结合,可以实现理论知识和实践技能的互补,提高教育质量和学生就业竞争力。随着信息技术的飞速发展,数字技

[①] 林吉双:《数字化转型理论与实践》,人民出版社,2023 年版,第 13 页。

术已经渗透到各个领域,成为推动社会进步的重要力量。因此,我们需要在高等教育中设立更多与数字技术相关的专业和课程,以满足社会对这类人才的需求。创新是时代的要求,也是学生未来职业生涯的核心竞争力。通过设立与数字技术相关的专业和课程,可以激发学生的创新思维,培养他们的创新能力。同时,高校和企业应加强合作,共同开展科研项目和实践活动,为学生提供更多创新实践的机会。实践是检验真理的唯一标准。在高等教育中,我们应加强实践教学环节,通过实验、实训、实习等方式,提高学生的实践能力。同时,高校应积极与企业合作,建立实习实训基地,为学生提供更多实践机会。

其次,鼓励企业与高校、研究机构建立深度合作关系,共同开展技术研发和人才培养,形成产学研一体化的培养模式。随着科技的不断进步和市场竞争的日益激烈,企业、高校和研究机构之间的合作已成为推动科技创新与人才培养的重要途径。这种合作模式不仅有助于实现资源共享、优势互补,还能促进产学研的深度融合,推动社会经济的持续发展。企业作为市场经济的主体,拥有丰富的实践经验和市场需求洞察力;高校和研究机构则拥有强大的科研实力和人才储备。通过建立深度合作关系,企业可以获得高校和研究机构的技术支持和人才支持,加快技术研发和产品创新;高校和研究机构则可以从企业那里获得实践平台和市场需求反馈,提高科研成果的转化率和实用性。这种合作模式有助于实现产学研的良性互动,共同推动科技进步和产业升级。技术研发是推动企业发展和产业升级的关键。通过建立深度合作关系,企业、高校和研究机构可以共同开展技术研发,整合各方资源,形成合力,突破创新瓶颈。① 这种合作模式有助于加快科技创新速度,提高创新质量,为企业带来更多的市场机遇和发展空间。人才培养是推动科技进步和社会发展的重要基础。通过建立深度合作关系,企业、高校和研究机构可以共同开展人才培养工作,提高学生的实践能力和综合素质。这种合作模式有助于培养出更多具有创新精神和实践能力的高素质人才,为国家和社会的发展提供有力的人才保障。产学研一体化的培养模式是将企业、高校和研究机构的资源与优势进行整合,形成一个相互依存、相互促进的有机整体。这种培养模式有助于实现产学研的深度融合,推动科技创新和人才培养的协同发展。通过这种模式,企业可以获得持续的技术支持和人才支持,高校和研究机构可以获得实践平台与市场需求反馈,而学生则可以获得更加全面和实用的知识与技能。这种共赢发展的模式对于推动社会经济的持续发展具有重要意义。

再次,加强与国际先进企业和研究机构的交流合作,引进国外先进的数字技术和教育经验,为我国数字技术创新人才培养提供国际化视野。国际交流合作是提升我国数字技术创新能力的关键途径。通过与国外先进企业和研究机构的紧密合作,我们可以及时获取最新的数字技术信息,了解国际前沿的研究动态,把握全球数字技术的发展趋势。这种合作不仅有助于拓宽我们的技术视野,更能推动我国数字技术的跨越式发展。国外在数字技术领域的研究与应用已积累了丰富经验。引进这些先进技术,可以快速提升我国数字

---

① 刘则渊:《技术科学前言图谱与强国战略》,人民出版社,2012年版,第356页。

技术的整体水平,缩短与国际先进水平的差距。同时,通过技术的引进、消化、吸收和再创新,我们可以形成具有自主知识产权的核心技术,提升我国在全球数字技术领域的竞争力。国际化视野是数字技术创新人才必备的素质之一。通过加强与国际先进企业和研究机构的交流合作,可以为我国数字技术创新人才提供更多与国际接轨的学习和实践机会,培养他们的国际竞争力。这种国际化视野的培养,有助于推动我国数字技术创新人才在全球范围内的交流与合作,实现我国数字技术的国际化发展。

第三节　依靠数智融合提升数字管理水平

数智融合,即数字化与智能化的有机结合,是指通过先进的信息技术手段,实现数据的高效采集、处理、分析和应用,进而推动企业的管理创新。数智融合不仅提升了数据的处理速度和准确性,更在决策支持、流程优化、风险管理等方面展现出巨大价值。[1] 依靠数智融合提升数字管理水平,是企业适应数字化时代发展的重要举措。通过数智融合的应用与实践,企业不仅可以提高管理效率、降低运营成本,更能在激烈的市场竞争中抢占先机。展望未来,随着技术的不断进步和市场的不断拓展,数智融合将在企业数字管理中发挥更加重要的作用,推动企业实现更高水平的发展。

---

① 任保平:《数字经济驱动经济高质量发展的逻辑》,人民出版社,2023 年版,第 89 页。

一、数据整合与标准化

在数字化时代,数据已经成为企业和组织的核心资产。数据整合与标准化作为数据管理的重要环节,对于提高数据质量、实现数据价值最大化具有不可替代的作用。

数据整合是指将不同来源、格式和质量的数据进行收集、清洗、转换和加载,形成一个统一、完整的数据集合。随着企业业务规模的扩大和信息化建设的深入,数据整合的重要性日益凸显。[①] 通过数据整合,企业可以打破信息孤岛,实现数据的共享和协同,提高决策效率和准确性。数据标准化是指制定和实施统一的数据标准与规范,确保数据的准确性、一致性和可比性。数据标准化有助于减少数据冗余和错误,提高数据质量。同时,标准化的数据更易于分析和挖掘,有助于发现数据中的潜在价值。

在实践中,数据整合与标准化需要紧密结合。首先,通过数据整合,将分散在各个业务系统和数据库中的数据集中起来,形成一个全面的数据视图。这需要对各个业务系统和数据库中的数据源进行分析,了解数据的来源、格式和质量等情况。针对数据源中的不同问题,进行数据的清洗和转换,包括去除重复数据、处理缺失值、数据格式转换等。将清洗和转换后的数据整合到一个统一的平台上,形成一个全面的数据视图。这可以通过数据仓库、数据湖等技术实现。在数据整合过程中,需要对数据质量进行监控和评估,确保整合后的数据准确性和可靠性。然后,通过数据标准化,对整合

---

① 《人工智能与国家治理》编写组:《人工智能与国家治理》,人民出版社,2020年版,第81页。

后的数据进行清洗和转换,确保数据的一致性和准确性。最后,通过数据管理和分析工具,对数据进行深度挖掘和应用。数据管理是指对数据进行收集、整理、存储和保护的过程。一个有效的数据管理策略能够确保数据的准确性、完整性和安全性。通过数据管理,我们可以建立起一个清晰、有序的数据架构,为后续的数据分析工作奠定坚实的基础。数据分析工具是进行数据深度挖掘和应用的关键。市场上存在众多的数据分析工具,如 Excel、Python、R。选择适合自己需求和数据特点的工具至关重要。这些工具能够帮助我们处理海量数据,进行复杂的数据分析和可视化,从而揭示数据背后的规律和趋势。数据深度挖掘是指通过高级分析技术,如数据挖掘、机器学习,从数据中提取出有价值的信息和知识。通过关联分析、聚类分析、预测模型等方法,我们可以深入挖掘数据中的潜在联系和规律,为决策提供有力支持。通过数据管理和分析工具,我们可以对数据进行深度挖掘和应用,实现数据的最大价值。然而,随着技术的不断发展和数据量的不断增长,我们仍面临着诸多挑战。未来,我们需要进一步探索和完善数据管理与分析技术,以适应不断变化的市场需求和数据环境。同时,我们也需要关注数据安全和隐私保护等问题,确保数据应用的合法性和可持续性。

虽然数据整合与标准化在实践中取得了显著成效,但也面临着一些挑战,如数据来源多样、数据质量参差不齐、数据安全和隐私保护等问题。未来,随着技术的不断进步和应用场景的不断拓展,数据整合与标准化将面临更多挑战和机遇。我们需要不断创新和完善数据整合与标准化的方法和工具,以适应数字化时代的需求。

二、智能化决策支持

　　智能化决策支持系统是一种利用人工智能、大数据分析和机器学习等先进技术,辅助管理者进行决策的系统。它通过收集、整合和分析海量数据,为决策者提供科学、准确的决策依据,从而提升决策的效率和准确性。[①] 智能化决策支持系统基于大数据分析,能够从海量数据中提取有价值的信息,为决策提供数据支持。通过机器学习等技术,系统能够预测市场、客户等的变化趋势,为企业的战略规划提供前瞻性建议。通过对企业资源的实时监控和分析,系统能够帮助企业优化资源配置,提高资源利用效率。系统能够自动化处理大量数据,减少人工分析的时间和成本,从而提高决策效率。

　　通过系统对市场和竞争环境的深入分析,企业可以制定更具前瞻性和针对性的战略规划。前瞻性战略规划不仅要求企业关注当前的市场和竞争状况,还要对未来市场和竞争环境的变化进行预测和预判。企业可以通过技术创新、市场拓展、品牌建设等手段,打造自身的核心竞争力,实现可持续发展。战略规划还必须具有针对性。企业应根据自身的实际情况和市场需求,制定符合自身特点和发展方向的战略规划。针对性战略规划可以帮助企业更好地应对市场变化和竞争挑战,提高市场占有率和盈利能力。制定好的战略规划需要得到有效的实施和调整。企业应根据实际情况和市场反馈,不断调整和优化战略规划,确保战略规划的顺利实施。

[①]　蔡立辉:《基于大数据的社会舆情分析与决策支持研究》,人民出版社,2022年版,第2页。

同时,企业还应建立完善的战略执行和监督机制,确保战略规划的有效实施和落地。

通过智能化决策支持系统,企业可以更好地了解客户需求,提供个性化的产品和服务,增强客户满意度。[①] 智能化决策支持系统能够收集客户在各种渠道上的行为数据,包括浏览记录、购买记录、搜索关键词等,从而全面了解客户的需求和偏好。通过先进的数据分析技术,系统可以对收集到的数据进行深度挖掘,发现隐藏在数据背后的客户需求和趋势。基于数据分析结果,企业可以构建详细的客户画像,包括客户的年龄、性别、职业、兴趣等多维度信息,从而更加精准地定位目标客户群体。根据客户的画像和需求,智能化决策支持系统可以为客户提供个性化的产品推荐,提高购买率和客户满意度。企业可以根据客户的需求和反馈,通过智能化决策支持系统制定服务方案,满足客户的特殊需求。通过数据分析,企业可以发现产品的不足和改进方向,从而优化产品设计,提升产品竞争力。通过智能化决策支持系统,企业可以为客户提供更加精准的解决方案,解决客户的问题和需求。个性化的产品和服务能够更好地满足客户的期望和需求,从而提升客户的整体体验。企业可以通过智能化决策支持系统持续跟踪客户反馈和需求变化,及时调整产品和服务策略,确保客户满意度持续提升。通过智能化决策支持系统,企业不仅可以更加深入地了解客户需求,还可以为客户提供更加个性化、精准的产品和服务。这不仅有助于提升客户满意度和忠诚度,还能够增强企业的竞争力,实现可持续发展。

[①] 蔡立辉:《基于大数据的社会舆情分析与决策支持系统》,人民出版社,2022年版,第341页。

因此,企业应当积极引入智能化决策支持系统,将其融入企业的日常运营和决策过程中,以提升企业整体绩效。

系统能够实时监控供应链的运行情况,预测潜在的供应链风险,并为企业提供优化供应链的建议。现代供应链管理系统通过集成物联网、大数据和云计算等先进技术,能够实时监控供应链各环节的运行情况。从原材料的采购、生产过程的控制到产品的销售和物流配送,每一个环节的数据都可以实时反馈到系统中。这样,企业决策者可以根据实时数据,迅速了解供应链的运行状态,及时发现问题并作出相应调整。通过对历史数据的分析和挖掘,现代供应链管理系统能够发现供应链中的潜在风险。例如,通过对供应商交货时间的分析,系统可以预测供应商可能出现的延迟交货风险;通过对产品销售数据的分析,系统可以预测市场需求的变化趋势,从而提前调整生产计划。这样,企业可以提前做好风险防范和应对措施,减少供应链风险对企业运营的影响。基于实时监控和风险预测的结果,现代供应链管理系统可以为企业提供优化供应链的建议。例如,系统可以根据实时数据分析,提出优化生产流程、提高生产效率的建议;根据市场需求预测,提出调整产品结构、拓展销售渠道的建议。这些建议可以帮助企业改进供应链管理,提高供应链的效率和灵活性,增强企业的竞争力。总之,现代供应链管理系统通过实时监控供应链的运行情况、预测潜在的供应链风险并为企业提供优化供应链的建议,为企业的供应链管理提供了强大的技术支持。未来,随着技术的不断进步和应用场景的不断拓展,现代供应链管理系统将在企业运营中发挥更加重要的作用。

　　智能化决策支持系统可以帮助企业进行财务预测、风险分析和资金配置,提高企业的财务管理水平。[①] 智能化决策支持系统通过收集、整合企业内外部的财务数据和市场信息,运用预测模型进行趋势分析,帮助企业提前洞察市场变化,预测未来的财务状况。这不仅有助于企业制定长远的发展规划,还能在变幻莫测的市场环境中抓住机遇,实现可持续发展。在风险日益增多的商业环境中,智能化决策支持系统能够全面、系统地识别企业面临的各类财务风险,如市场风险、信用风险、流动性风险等。通过对历史数据和实时信息的深度分析,系统能够评估风险的大小和可能带来的影响,为企业提供风险预警和防控建议,保障企业的稳健运营。资金是企业运营的血脉,合理的资金配置对于企业的健康发展至关重要。智能化决策支持系统通过对企业资金流的实时监控和分析,能够为企业提供最优的资金配置方案,如短期流动性管理、长期投资规划等。这不仅能够优化企业的资金结构,降低财务成本,还能提高企业的资金利用效率,为企业的持续发展提供有力支持。智能化决策支持系统的应用,不仅提升了企业财务管理的效率和精度,更使得企业在激烈的市场竞争中获得了先机。通过财务预测、风险分析和资金配置的智能化管理,企业能够更好地应对市场变化,降低经营风险,实现稳健发展。同时,这也为企业决策者提供了更加科学、可靠的决策依据,推动了企业整体管理水平的提升。

[①] 蔡立辉:《基于大数据的社会舆情分析与决策支持系统》,人民出版社,2022 年版,第 342 页。

三、流程优化与效率提升

流程优化是指通过对企业内部各项业务流程进行深入分析,找出流程中的瓶颈和问题,然后运用科学的方法和技术进行改进,以提高流程效率和质量。数字管理水平的提升离不开流程优化的支持。通过流程优化,企业可以更加高效地处理数据,减少资源浪费,提高决策效率和准确性。在数字管理中,流程优化主要体现在以下几个方面。① 数据采集与处理:通过优化数据采集流程,确保数据的准确性和完整性;同时,运用先进的数据处理技术,提高数据处理速度和效率。② 数据分析与挖掘:通过优化数据分析流程,运用数据挖掘技术,发现数据中的隐藏价值和规律,为企业决策提供更加科学的依据。③ 数据安全与保护:在流程优化中,需要特别关注数据安全与保护问题。通过加强数据安全管理流程,确保企业数据的安全性和完整性。

为了进一步提升数字管理水平,企业需要采取以下策略。

首先,企业需要加强对员工的流程培训,提高员工的流程意识和操作技能。在数字管理领域,流程是企业实现高效运作的关键。[1] 然而,许多员工在面对复杂的数字管理流程时,往往感到力不从心。因此,加强流程培训显得尤为重要。通过培训,员工可以更加深入地了解数字管理流程,掌握相关技能,从而更好地应对工作中的挑战。提高员工的流程意识,有助于确保数字管理流程得以顺利执行,减少工作中的

---

[1] 刘绍坚:《软件外包:技术外溢与能力提升》,人民出版社,2008 年版,第 297 页。

失误和疏漏。为此,企业需要通过培训、宣传等多种方式,使员工充分认识到流程的重要性,树立正确的流程观念。操作技能是员工执行数字管理流程的基础。提高员工的操作技能,有助于提升工作效率,减少操作失误。因此,企业需要针对员工的实际需求,开展针对性的技能培训。为此,企业要制定详细的培训计划,明确培训目标、内容和方式;采用多种培训方式,如线上课程、线下培训、实践操作等,以满足不同员工的需求;设立专门的培训团队,负责培训计划的实施和效果评估;定期对员工进行技能考核,以检验培训效果;建立激励机制,鼓励员工积极参与培训并付诸实践。

其次,积极引进先进的数字化技术和工具,如大数据、人工智能等,提升企业的数字化水平。数字化技术和工具,对于提升企业的数字化水平至关重要。[1] 大数据技术的引进,可以帮助企业实现海量数据的收集、存储和分析,挖掘数据背后的价值,为企业决策提供有力支持。通过对客户行为、市场需求、行业趋势等数据的深入挖掘,企业可以更加准确地把握市场动态,制定更为科学合理的发展策略。人工智能技术的运用,可以极大地提高企业的运营效率。无论是智能客服、智能推荐,还是自动化生产线,人工智能都能够有效地减轻人工负担,提高工作效率。同时,通过对业务流程的优化和重构,人工智能技术还能够帮助企业实现运营模式的升级和转型。数字化转型不仅是一种技术上的革新,更是一种管理理念和商业模式的创新。通过积极引进和应用先进的数字化技术和工具,企业可以构建起自身的竞争优势,提升

---

① 曹立、刘西友:《与党员干部谈数字经济》,人民出版社,2022 年版,第 50 页。

市场竞争力。在未来,数字化水平将成为企业竞争力的重要标志之一,因此,企业必须站在战略的高度,积极推进数字化转型。

再次,通过定期评估流程执行情况,及时发现问题并进行改进,确保流程持续优化。定期评估流程执行情况是组织自我诊断和自我完善的重要手段。通过定期评估,可以全面了解各项流程的运行状态、效率水平以及存在的问题。这种评估不仅针对流程本身,还涉及流程执行者的行为、态度以及流程所处的外部环境。通过这样的评估,组织可以及时发现流程中的瓶颈和问题,为后续的优化工作提供明确的方向和目标。发现问题是评估流程的第一步,而及时改进则是确保流程持续优化的关键。发现问题后,必须迅速采取行动,对问题进行深入分析,找出问题的根源。在此基础上,制定针对性的改进措施,确保问题得到根本解决。这种及时发现问题并进行改进的机制,有助于组织快速适应市场变化,保持流程的高效运行。流程持续优化是一个长期的过程,需要组织采取一系列策略来确保实现。首先,要建立完善的评估体系,确保评估结果的客观性和准确性。其次,要培养组织内部的改进文化,鼓励员工积极参与流程优化工作。此外,还要加强跨部门的沟通与协作,确保流程优化的整体性和系统性。最后,要定期回顾和总结流程优化成果,为未来的优化工作提供经验和借鉴。

四、风险管理与安全保障

在数字化转型的过程中,风险管理和安全保障问题日益凸显,成为制约数字化管理水平提升的关键因素。因此,如何有效整合风险管理与安全保障措施,提升数字化管理水平,成为当前企业亟须解决的重要课题。数字化转型为企业带来了前所未有的发展机遇,同时也伴随着一系列风险和挑战。这些风险包括但不限于数据安全风险、网络安全风险、业务连续性风险等。这些风险的存在,不仅可能威胁企业的数据安全,还可能对企业的正常运营造成严重影响。

风险管理和安全保障是提升数字化管理水平的重要保障。[①] 通过建立健全的风险管理体系,企业可以系统地识别、评估、监控和应对数字化转型过程中的各类风险。同时,通过加强安全保障措施,企业可以确保数字化转型过程中的数据安全、网络安全和业务连续性。为了有效整合风险管理与安全保障措施,提升数字化管理水平,企业可以采取以下策略:① 建立完善的风险管理机制,明确风险管理流程和责任分工;② 加强数据安全管理,确保数据的完整性、可用性和保密性;③ 强化网络安全防护,提升网络安全防护能力和应急响应能力;④ 建立业务连续性管理体系,确保企业在面临突发事件时能够迅速恢复正常运营。

首先,建立完善的风险管理机制,明确风险管理流程和责任分工。风险管理机制是企业应对不确定性、保障业务稳定运行的重要基石。要建立完善的风险管理机制,就要构建科学的风险评估体系,通过对内外部环境、业务流程、技术系统等各方面的全面分析,准确识别潜在风险。要制定风险应对策略,明确不同风险情况下的应对措施,确保风险发生时能够迅速响应、有效应对。要建立风险监控与报告机制,定

---

① 秦荣生、赖家才:《数字经济发展与安全》,人民出版社,2021年版,第266页。

期对风险状况进行评估,及时发现新风险,并对风险管理效果进行监督和反馈。明确的风险管理流程和责任分工是风险管理机制有效运行的重要保障。企业应根据自身业务特点和风险状况,制定详细的风险管理流程,包括风险识别、评估、应对、监控等各个环节。同时,要明确各级管理人员和相关部门的责任分工,确保每个环节都有专人负责,形成风险管理的合力。通过明确流程和责任分工,可以提高风险管理的效率和效果,降低风险对企业运营的影响。数字化管理水平的提升是加强风险管理能力的重要手段。企业应充分利用信息技术手段,如大数据分析、人工智能等,提高风险管理的智能化水平。通过数据收集和分析,可以更准确地识别风险、评估风险状况,为风险管理提供有力支持。同时,要加强数字化管理系统的建设,实现风险管理的信息化、自动化,提高风险管理的效率和准确性。

其次,加强数据安全管理,确保数据的完整性、可用性和保密性。数据安全管理涉及数据的收集、存储、处理和传输等多个环节。任何一个环节的疏忽,都可能导致数据泄露、篡改或丢失,给组织带来重大损失。因此,加强数据安全管理,不仅是对组织自身负责,更是对用户和社会负责。数据的完整性是指数据的准确性和一致性。要确保数据的完整性,就需要建立严格的数据治理机制,对数据进行定期的质量检查和校验。同时,还需要采用先进的技术手段,如数据的可用性是指数据在需要时能够及时、准确地被获取和使用。要提高数据的可用性,就需要优化数据存储和处理的流程,提高数据处理的速度和效率。同时,还需要建立完善的数据应急预案,以应对可能发生的数据故障或灾难。数据加密、数据备份等,以防止数据在传输和存储过程中被篡改或损坏。加强数据安全管理是提升数字管理水平的基础和保障。只有在确保数据的安全性、完整性和保密性的前提下,才能更好地利用数据进行决策分析、业务创新和市场拓展。同时,还需要不断完善数据管理制度和流程,提高数据管理的专业化和精细化水平。

再次,强化网络安全防护,提升网络安全防护能力和应急响应能力。[①] 网络空间已成为国家安全的新疆域,网络安全防护的重要性不言而喻。面对日益复杂的网络威胁和攻击手段,我们必须加强网络安全防护,确保关键信息基础设施的安全稳定运行,防范和化解网络安全风险。应该投入更多资源用于网络安全技术的研发和创新,提升自主创新能力,掌握核心技术的自主知识产权。构建多层次、全方位的安全防护体系,包括网络基础设施安全、数据安全、应用安全等多个方面,确保网络安全的全面性和系统性。加强网络安全人才的培养和引进工作,建立一支高素质、专业化的网络安全队伍,为网络安全防护提供坚实的人才保障。相关部门要制定科学有效的应急响应预案,明确各级各部门的职责和任务,确保在发生网络安全事件时能够迅速响应、有效处置。建立网络安全信息共享平台,实现各部门之间的信息互通和协同联动,提高应急响应的效率和准确性。定期组织开展网络安全应急演练和培训活动,提高各级各部门应对网络安全事件的能力和水平。

最后,建立业务连续性管理体系,确保企业在面临突发

---

① 徐宪平:《新基建:数字时代的新结构性力量》,人民出版社,2020年版,第390页。

事件时能够迅速恢复正常运营。在当今充满不确定性的商业环境中,企业面临着各种潜在的突发事件,如自然灾害、技术故障、人为错误等。这些事件不仅可能对企业的日常运营造成严重影响,还可能对企业的声誉、财务状况和客户信任产生长期影响。因此,建立一套有效的业务连续性管理体系至关重要,它能够帮助企业迅速应对危机,恢复正常运营,并提升数字管理水平。业务连续性管理体系的建立,需要对企业的关键业务流程进行全面分析。这包括对业务流程的识别、评估和优化,以确保在突发事件发生时,这些流程能够迅速适应变化并继续运行。同时,这还需要识别出可能影响业务流程的关键因素,如供应商、基础设施、员工等,并制定相应的应急计划。建立业务连续性管理体系需要建立强大的危机应对机制。这包括建立专门的危机管理团队,制定详细的应急预案,以及定期进行危机模拟演练。通过这些措施,企业可以在危机发生时迅速启动应急响应程序,有效地调配资源,最大限度地减少损失。提升数字管理水平也是建立业务连续性管理体系的重要组成部分。数字化技术的应用可以帮助企业更好地监控和管理业务流程,提高数据的安全性和可靠性。同时,数字化技术还可以帮助企业更快速地获取和分析信息,提高决策效率和准确性。

第四节 以数字经济集聚效应吸引创新人才

数字经济集聚效应是指在特定区域内,数字经济相关企业、人才、资本等要素高度集中,形成强大的产业集群和创新能力。[①] 这种效应的形成得益于信息技术的快速发展、政策的引导支持以及市场需求的不断扩大。数字经济集聚区汇聚了大量的创新资源,包括前沿技术、优秀企业、科研机构等,为创新人才提供了广阔的舞台和丰富的实践机会。以数字经济集聚效应吸引创新人才,助力新质生产力提升,其实践路径主要有:① 政府应制定科学的数字经济发展战略,明确发展目标、重点任务和保障措施,为新质生产力的提升提供有力支撑;② 优化产业布局:依托数字经济集聚区,优化产业布局,推动产业链上下游企业协同发展,形成优势互补、资源共享的产业生态;③ 加大人才培养力度:通过高校、科研机构等渠道,加强数字经济领域的人才培养,为新质生产力的提升提供人才保障;④ 推动创新驱动发展:鼓励企业加大研发投入,支持创新平台建设,推动产学研深度融合,激发创新活力,为新质生产力的提升注入强大动力。

一、制定科学的数字经济发展战略,明确发展目标、重点任务和保障措施,为新质生产力的提升提供有力支撑

数字经济的发展目标应当具有前瞻性和可操作性。我们应确立数字经济总量和增速的明确目标,同时注重提升数字经济的质量和效益。这包括提高数字经济在国民经济中的比重,优化数字经济结构,增强数字经济创新能力,以及提升数字经济对经济社会发展的贡献度。

实现数字经济的发展目标,需要明确一系列重点任务。首先,要加强数字基础设施建设,提升网络覆盖率和数据传

---

① 范剑勇:《产业集聚与区域经济协调发展》,人民出版社,2013 年版,第 156 页。

输速度。其次,要推动数字技术与实体经济深度融合,促进传统产业数字化转型。此外,还应注重数字经济的创新驱动,加强核心技术研发,培育数字经济新业态新模式。最后,要加强数字经济治理体系建设,保障数字经济健康有序发展。为实现数字经济发展目标,必须制定有效的保障措施。这包括完善数字经济政策法规体系,为数字经济发展提供法制保障;加大数字经济投入力度,引导社会资本投入数字经济领域;加强数字经济人才培养和引进,为数字经济发展提供人才支撑;推进数字经济国际合作与交流,积极参与全球数字经济治理体系构建。

首先,要加强数字基础设施建设,提升网络覆盖率和数据传输速度。[①] 数字基础设施是信息时代的"高速公路",它承载着数据和信息的高效流通。在当今社会,无论是云计算、大数据、人工智能还是物联网等前沿技术的应用,都离不开稳定、快速的网络支持。因此,加强数字基础设施建设,是提升国家竞争力、推动经济社会发展的必然选择。提升网络覆盖率是实现数字基础设施普及化的重要步骤。一方面,政府应加大投入,优化网络布局,特别是在偏远地区和农村地区,实现网络信号的全面覆盖。另一方面,鼓励电信运营商加强技术创新,提高网络覆盖的广度和深度,让更多人享受到高速互联网带来的便利。数据传输速度是数字基础设施性能的关键指标。要提升数据传输速度,需要加强网络硬件设备的升级换代,采用更先进的技术和设备,提高网络带宽和稳定性。通过优化网络架构,减少数据传输过程中的损耗和延

---

① 秦荣生、赖家才:《数字经济发展与安全》,人民出版社,2021 年版,第 3 页。

迟,实现更高效的信息传输。加强数字基础设施建设,提升网络覆盖率和数据传输速度,最终目的是为新质生产力的提升提供有力支撑。新质生产力是指以信息技术为核心,通过创新驱动、智能引领,实现生产效率和质量的大幅提升。数字基础设施的完善将为新质生产力的发展提供坚实的物质基础和技术保障。

其次,要推动数字技术与实体经济深度融合,促进传统产业数字化转型。数字技术与实体经济的深度融合,意味着传统产业需要积极拥抱新技术,实现生产流程、管理模式的全面升级。这种融合不仅提升了产品的附加值,还为企业创造了新的增长点。数字化转型是提升新质生产力的关键。通过引入数字技术,企业可以实现生产过程的智能化、自动化,提高产品质量和生产效率。同时,数字化转型还有助于企业实现精细化管理,提升市场竞争力。政府在推动数字技术与实体经济融合过程中发挥着重要作用。通过制定相关政策,政府可以为企业创造良好的发展环境,引导企业加大数字化转型投入。同时,市场机制的完善也为数字技术与实体经济的融合提供了强大动力。展望未来,数字技术与实体经济的深度融合将成为推动经济持续发展的新引擎。随着技术的不断创新和政策的不断完善,新质生产力将得到进一步提升,为我国的经济发展注入强大动力。推动数字技术与实体经济深度融合,促进传统产业数字化转型,是提升新质生产力的关键举措。通过政策引导和市场驱动,我们有理由相信,未来的中国经济将在新质生产力的推动下实现更加稳健、可持续的发展。

再次,应注重数字经济的创新驱动,加强核心技术研发,培育数字经济新业态新模式。创新是引领发展的第一动力。[①]
在数字经济领域,我们要坚持创新驱动发展战略,不断推动
数字技术与实体经济深度融合,催生新产业、新业态、新模
式。要鼓励企业加大研发投入,支持创新型企业发展,形成
一批具有全球竞争力的数字经济领军企业。同时,要加强数
字经济的政策引导,优化创新环境,激发市场活力和社会创
造力。核心技术是国之重器,是数字经济发展的基石。我们
要聚焦关键核心技术研发,突破一批"卡脖子"技术,提升我
国在全球数字经济领域的竞争力。要加强产学研用合作,推
动科技成果转化应用,加快形成自主可控的技术体系。同时,
要加大对基础研究的投入,提升原始创新能力,为数字经济
的长远发展奠定坚实基础。随着数字技术的快速发展,数字
经济新业态新模式层出不穷。我们要顺应时代潮流,积极培
育数字经济新业态新模式,推动数字经济与实体经济深度融
合。要鼓励企业利用数字技术开展个性化定制、柔性化生产
等服务型制造,满足消费者多元化、个性化的需求。同时,要
推动数字技术与教育、医疗、文化等领域深度融合,拓展数字
经济的应用场景。

最后,要加强数字经济治理体系建设,保障数字经济健
康有序发展。[②]数字经济治理体系建设是保障数字经济健康
有序发展的基础。通过建立健全法律法规、完善监管机制、
优化市场环境等措施,可以有效规范数字经济市场秩序,防

---

① 杨东占:《创新驱动发展战略研究》,人民出版社,2017 年版,第 2
页。

② 国家工业信息安全发展研究中心:《大数据优秀应用解决方案案
例:工业、能源、交通卷》,人民出版社,2018 年版,第 230 页。

范和化解各类风险,为数字经济的持续健康发展提供有力保障。针对数字经济领域的新问题、新挑战,要及时修订和完善相关法律法规,为数字经济的规范发展提供法律支撑。建立健全数字经济监管机制,加强对数字经济活动的日常监管和风险防范,确保数字经济市场健康有序运行。深化"放管服"改革,简化审批流程,降低市场准入门槛,为数字经济企业提供更加公平、透明、高效的市场环境。要加大对数字经济技术研发的支持力度,鼓励企业加大研发投入,推动数字经济领域的技术创新和突破。要引导数字经济企业向高端化、智能化、绿色化方向发展,推动数字经济与实体经济深度融合,提升产业整体竞争力。要加强数字经济领域的人才培养和引进工作,打造一支高素质、专业化的数字经济人才队伍,为数字经济的持续发展提供人才保障。

二、依托数字经济集聚区,优化产业布局,推动产业链上下游企业协同发展

数字经济集聚区作为现代产业发展的新高地,具有资源集聚、创新引领、产业集聚等核心优势。优化产业布局,推动产业链上下游企业协同发展,对于提升区域整体竞争力、促进经济高质量发展具有重要意义。要加强顶层设计,明确数字经济集聚区的发展定位和目标,引导各类资源要素向集聚区集聚。要优化产业布局,根据区域资源禀赋和产业基础,合理布局数字经济核心产业和相关配套产业,形成优势互补、协同发展的产业格局。要推动产业集聚,通过政策扶持、基础设施建设等措施,吸引更多优质企业入驻集聚区,形成产业集群效应。加强产业链上下游企业的沟通与合作,建立

稳定的供应链和价值链关系,实现资源共享、优势互补。推动产业链上下游企业技术创新和产业升级,提升整个产业链的竞争力。建立完善的产业服务体系,为产业链上下游企业提供全方位的服务支持,包括融资、人才培训、市场开拓等。依托数字经济集聚区,优化产业布局,推动产业链上下游企业协同发展,是加快区域经济发展、提升产业竞争力的关键举措。通过加强顶层设计、优化产业布局、促进产业链上下游企业协同发展、加强政策支持等措施,可以有效推动数字经济集聚区的快速发展,为区域经济的持续健康发展注入新动力。

三、通过高校、科研机构等渠道,加强数字经济领域的人才培养,为新质生产力的提升提供人才保障

新质生产力的提升,关键在于拥有一支具备创新思维和专业技能的高素质人才队伍。[①] 为此,通过高校、科研机构等渠道加强数字经济领域的人才培养,显得尤为重要。高校作为人才培养的摇篮,应当肩负起培养数字经济领域专业人才的重任。通过优化课程设置,引入前沿技术课程,加强实践教学环节,提高学生的实际操作能力。同时,高校还应与企业、科研机构建立紧密的合作关系,实现资源共享、优势互补,共同推进数字经济领域的人才培养。科研机构是科技创新的重要基地,也是数字经济领域人才培养的重要力量。科研机构应当发挥自身的科研优势,加强与高校的联动,共同开展数字经济领域的基础研究和应用研究。通过科研项目

---

① 任保平:《数字经济驱动经济高质量发展的逻辑》,人民出版社,2023 年版,第 89 页。

的实施,培养一批具备创新精神和实践能力的优秀人才,为数字经济的发展提供有力的人才支撑。除了高校和科研机构,企业、行业协会等也是数字经济领域人才培养的重要力量。应当构建多元化的人才培养体系,充分发挥各方优势,形成合力。通过校企合作、产学研结合等方式,为学生提供更多的实践机会和职业发展平台,促进人才培养与经济社会发展的深度融合。数字经济是全球化的产物,也是推动全球经济发展的重要力量。因此,加强国际交流与合作,引进国际先进的人才培养理念和模式,对于提升我国数字经济领域的人才培养水平具有重要意义。高校和科研机构应当积极开展国际合作与交流,学习借鉴国际先进经验,推动我国数字经济领域人才培养的国际化进程。总之,通过高校、科研机构等渠道加强数字经济领域的人才培养,是新质生产力提升的关键所在。我们应当充分认识到人才培养的重要性,发挥各方优势,共同推进数字经济领域的人才培养工作,为我国数字经济的持续健康发展提供坚实的人才保障。

四、鼓励企业加大研发投入,支持创新平台建设,推动产学研深度融合,激发创新活力,为新质生产力的提升注入强大动力

鼓励企业加大研发投入,不仅是对企业自身发展的有力支持,更是对整个国家经济发展新质生产力提升的关键推动。研发投入是企业持续创新的重要保障。企业应当积极调整资金分配,确保研发经费的充足投入。这不仅包括硬件设施的升级换代,更包括研发团队的扩充与培养。通过加大研发投入,企业可以不断提升产品的技术含量和附加值,从而在市场中占据更有利的位置。创新平台是企业进行技术研发、成果转化和人才培养的重要载体。政府和社会各界应当给予更多的支持和关注,通过政策扶持、资金补贴等方式,帮助企业建设和完善创新平台。[①] 同时,创新平台的建设也要注重开放性和协同性,吸引更多的创新资源汇聚,形成良好的创新生态。产学研深度融合是提升创新效率的重要途径。企业应当与高校、科研机构等建立紧密的合作关系,通过共享资源、互通有无,实现产学研的深度融合。这种合作模式不仅可以加速科技成果的转化,还可以为企业培养更多的创新人才,推动整个行业的进步。创新活力来源于企业的内部环境和文化氛围。企业应当营造一种鼓励创新、宽容失败的文化氛围,让员工敢于尝试、勇于创新。同时,企业还应当建立合理的激励机制,让创新成果得到应有的回报,进一步激发员工的创新热情。总之,鼓励企业加大研发投入、支持创新平台建设、推动产学研深度融合、激发创新活力,是提升新质生产力的关键举措。我们应当从多方面着手,共同努力,为企业创新提供有力的支持和保障,推动我国经济的高质量发展。

[①] 国家工业信息安全发展研究中心:《大数据优秀应用解决方案案例:工业、能源、交通卷》,人民出版社,2018 年版,第 230 页。

第三章

机遇与挑战

数字技术助力新质生产力既面临机遇也面临挑战。我们应该抓住机遇，充分发挥数字技术的优势，推动经济的持续健康发展；同时，我们也应该积极应对挑战，加强数据安全保护、人才培养引进和社会伦理道德建设等方面的工作，为数字技术的健康发展创造良好的环境。

第一节　面临的机遇

一、产业政策的支持

随着 5G、大数据、云计算、人工智能等技术的深入融合，数字技术在各行各业的应用日益广泛。为了把握这一历史机遇，我国政府制定了一系列产业支持政策，包括税收优惠、资金扶持、人才引进等方面，为数字技术的研发和应用创造了良好的政策环境。在政策的推动下，我国数字技术产业取得了显著成就。一批具有国际竞争力的数字技术企业崭露头角，数字技术在各行业的应用不断深化，有效推动了新质生产力的提升。[①]

首先,税收优惠政策。为了促进数字技术的创新与应用,我国出台了一系列税收优惠政策,旨在鼓励企业加大数字技术研发投入,推动数字经济健康发展。对企业在数字技术领域的研发费用,实行加计扣除政策,即企业可以在计算应纳税所得额时,将实际发生的研发费用按照一定比例加计扣除,降低税负。对符合条件的软件产品,实行增值税即征即退政策,有效减轻了软件企业的税收负担。对集成电路设计、生产企业给予企业所得税减免、增值税退税等优惠政策,促进集成电路产业快速发展。对认定为高新技术企业的单位,按 15% 的税率征收企业所得税,并允许其在计算应纳税所得额时扣除更多的研发费用。这些税收优惠政策的实施,有效激发了企业创新活力,推动了数字技术的研发和应用。未来,随着数字技术的不断进步和产业的深入发展,我国将继续完善税收优惠政策,为数字技术的创新和发展提供更加有力的支持。

研发费用加计扣除政策是国家为支持企业技术创新而制定的一项重要税收优惠政策。该政策允许企业在进行年度所得税汇算清缴时,将符合条件的研发费用按一定比例加计扣除,从而减少企业应缴纳的税款。这一政策的出台,旨在降低企业研发成本,增强企业研发投入的积极性,推动数字技术领域的技术创新和产业升级。研发费用加计扣除政策适用于在数字技术领域进行研发活动的企业。具体适用范围包括软件开发、集成电路设计、云计算、大数据、人工智

---

① 李庆伟:《互联网＋驱动我国制造业升级效率测度与路径优化研究》,人民出版社,2020 年版,第 89 页。

能等数字技术相关领域。企业需满足以下条件方可享受研发费用加计扣除政策：一是研发费用需符合国家规定的技术开发、技术转让、技术咨询、技术服务等范围；二是研发费用需单独核算，并能提供合法、有效的证明材料。研发费用加计扣除政策的实施，对企业和整个数字技术领域产生了积极的影响。首先，该政策降低了企业的研发成本，提高了企业的盈利能力，为企业技术创新提供了有力的资金支持。其次，该政策激发了企业加大研发投入的积极性，推动了数字技术领域的技术创新和产业升级。最后，该政策有助于提升我国在全球数字技术领域的竞争力，推动我国由数字大国向数字强国迈进。虽然研发费用加计扣除政策已经取得了一定的成效，但仍存在一些问题和挑战。例如，政策执行过程中可能存在操作不规范、监管不到位等问题；部分企业可能存在滥用政策、虚报研发费用等行为。因此，建议国家进一步完善研发费用加计扣除政策，加强政策宣传和培训力度，提高政策的透明度和可操作性；同时加强监管力度，防止政策滥用和虚报研发费用等行为的发生。

为了支持软件产业的持续健康发展，我国政府制定了对符合条件的软件产品实行增值税即征即退政策。增值税即征即退政策，是指对符合条件的软件产品在销售环节征收增值税后，立即将税款退还给企业的一种税收优惠政策。[1] 这一政策的实施，旨在减轻软件企业的税收负担，提高其资金利用效率，鼓励企业加大研发投入，推动软件产品的创新升级。同时，该政策还有助于优化软件产业发展环境，吸引更

---

① 林吉双：《数字化转型理论与实践》，人民出版社，2023 年版，第 18 页。

多优质资源聚集,提升我国软件产业的国际竞争力。为了确保政策的精准实施,政府明确了享受增值税即征即退政策的软件产品需满足以下条件:首先,软件产品必须符合国家产业政策和行业发展规划;其次,软件产品应具有自主知识产权,且研发投入占销售收入的比例达到一定标准;最后,软件产品须经过权威机构认证,确保其质量和技术水平符合要求。增值税即征即退政策的实施,对软件产业的发展起到了积极的推动作用。一方面,减轻了软件企业的税收负担,提高了企业的盈利能力和市场竞争力;另一方面,激发了企业创新活力,推动了软件产品的升级换代,为我国软件产业的快速发展奠定了坚实基础。

其次,资金扶持政策。随着信息技术的飞速发展,数字经济已成为全球经济增长的新动力。我国作为世界上最大的经济体之一,急需把握数字技术发展机遇,推动经济转型升级。为此,政府审时度势,出台了一系列旨在促进数字技术发展的资金扶持政策。这些政策主要包括财政补贴、税收优惠、贷款支持等多种形式。财政补贴可以直接降低企业研发成本,鼓励企业加大技术创新投入;税收优惠则通过减轻企业税负,增加企业可支配收入,激发企业投资数字技术的积极性;贷款支持则通过提供低息贷款或贷款担保,帮助企业解决融资难题,推动数字技术项目的顺利实施。这些资金扶持政策的实施,对我国数字技术的发展产生了深远影响。一方面,这些政策有效激发了企业创新活力,推动了数字技术的研发和应用;另一方面,政策的实施也促进了数字技术的普及和推广,加快了数字经济与实体经济的深度融合。

财政补贴作为一种直接的资金扶持方式,对于促进数字技术发展具有显著作用。一方面,财政补贴可以有效降低数字技术企业的研发成本和市场推广成本,减轻企业的经济压力,激发企业的创新活力。另一方面,财政补贴还可以引导社会资源向数字技术领域倾斜,优化资源配置,推动数字技术的广泛应用和产业升级。贷款支持作为另一种重要的资金扶持政策,具有独特的优势。首先,贷款支持可以为企业提供稳定的资金来源,满足企业在技术研发、设备购置、市场拓展等方面的资金需求。其次,贷款支持通过市场化运作,能够激发金融机构对数字技术领域的投资热情,促进金融资本与数字技术的深度融合。此外,贷款支持还有助于培育企业的市场意识和风险意识,推动企业实现可持续发展。在数字技术领域,资金扶持政策的应用广泛而深入。政府通过设立专项资金、提供税收优惠等措施,支持数字技术企业加大研发投入,突破核心关键技术。同时,政府还引导金融机构加大对数字技术企业的信贷支持,降低企业融资门槛,为企业发展提供有力保障。

再次,人才引进政策。数字技术人才的引进,能够直接促进数字经济的创新与发展,提升国家在全球数字经济领域的竞争力。通过引进高层次数字技术人才,可以有效改善和优化本地人才结构,激发人才创新活力。数字技术人才的集聚,能够催生更多创新成果,推动产业升级和技术进步。我国政府出台一系列优惠政策,包括税收优惠、住房补贴、科研资助等,以吸引数字技术人才。通过国际合作、高校交流、人才引进计划等多种渠道,拓宽了数字技术人才的引进途径。随着全球范围内对数字技术人才的需求不断增长,各国之间的人才竞争也日趋激烈。下一步,我们要制定更具前瞻性和

战略性的数字技术人才引进规划,明确人才引进的重点领域
和目标群体;提高政策优惠力度,为引进的数字技术人才提
供更好的工作和生活环境;完善数字技术人才的评价标准和
机制,确保引进人才的质量和水平。通过国际合作项目、学
术交流活动等方式,加强与国际数字技术人才的联系和沟
通。

　　要制定更具前瞻性和战略性的数字技术人才引进规划,
明确人才引进的重点领域和目标群体。前瞻性规划是确保
我们在全球数字技术人才竞争中保持领先地位的关键。我
们需要深入分析全球数字技术的发展趋势,了解未来数字技
术领域的人才需求,从而制定出符合未来发展方向的人才引
进规划。这不仅有助于我们吸引和留住顶尖的数字技术人
才,还能为我国的数字经济发展提供强大的智力支持。战略
性人才引进是指根据我国的经济社会发展需要和产业发展
规划,有针对性地引进具有战略价值的数字技术人才。我们
需要明确数字技术人才引进的重点领域,如人工智能、大数
据、云计算等前沿领域以及目标群体,如具有丰富经验和创
新能力的领军人才、具有潜力的青年才俊等。通过精准定位,
我们可以更有效地吸引和引进符合我国发展需要的数字技
术人才。为了更好地实施前瞻性和战略性的数字技术人才
引进规划,我们需要制定具体的人才引进策略。这包括优化
人才引进政策,提高人才引进的效率和效果;加强与国际数
字技术人才交流平台的合作,拓宽人才引进的渠道;加大对
引进人才的支持力度,包括提供优厚的薪酬待遇、良好的工
作环境和广阔的发展空间等。

　　要提高政策优惠力度,为引进的数字技术人才提供更好

的工作和生活环境。良好的工作和生活环境是吸引和留住数字技术人才的重要因素。这包括提供具有竞争力的薪酬待遇、完善的社会保障体系、便捷的生活设施以及丰富的文化娱乐活动。通过优化这些环境，可以让数字技术人才在工作中充分发挥自己的才能，同时在生活中也能享受到高品质的待遇，从而更加安心地投入工作中。要为他们提供更加优惠的税收政策，降低数字技术人才的个人所得税负担。加大对数字技术创新项目的支持力度，提供研发资金、贷款担保等优惠政策。建立完善的人才引进和培养机制，为数字技术人才提供职业发展的广阔空间。优化公共服务设施，提高数字技术人才的生活品质。

要完善数字技术人才的评价标准和机制，确保引进人才的质量和水平。为了有效评价数字技术人才，我们需要明确评价标准。这些标准应包括技术能力、创新能力、团队协作能力和解决问题的能力等方面。同时，我们还应关注人才的行业经验和项目实践成果，以全面评估其实际能力和潜力。在评价数字技术人才时，我们应采用多元评价机制。这包括自我评价、团队评价、专家评价等多个环节，以确保评价的客观性和公正性。此外，我们还可以引入第三方评价机构，对人才进行全面、专业的评估。要确保引进的数字技术人才具备高质量和高水平，我们需要加强人才培养和引进工作。这包括加大投入，提高教育培训质量，为数字技术人才提供良好的成长环境。同时，我们还应积极开展人才引进工作，吸引国内外优秀的数字技术人才。为了激发数字技术人才的积极性和创造力，我们需要强化激励机制。这包括提供具有竞争力的薪酬待遇、晋升机会和福利待遇，为人才创造更好的发展空间。同时,我们还应关注人才的职业规划和发展需求,提供个性化的职业发展规划建议。

二、资源配置的不断优化

资源配置的不断优化为数字技术的发展提供了前所未有的机遇。通过优化资源配置,数字技术能够更高效地处理海量数据,实现信息的高速传输和处理,从而提高工作效率;资源配置的优化为数字技术的创新提供了动力,在资源充足、配置合理的环境下,技术人员能够更专注于技术研发和创新,推动数字技术不断向前发展;优化资源配置有助于降低数字技术的运营成本,提高市场竞争力;通过合理的资源配置,企业能够实现规模效应,降低生产成本,提高产品质量和服务水平。[①]

首先,在数字化时代,信息的高速传输和处理已成为企业和组织的核心需求。随着数据量的爆炸式增长,如何通过优化资源配置、利用数字技术更高效地处理海量数据,成为我们面临的重要挑战。优化资源配置是提高数据处理效率的关键。数字技术通过云计算、大数据、人工智能等先进手段,实现了计算资源、存储资源和网络资源的动态分配和智能管理。这种灵活的资源配置方式,不仅能够满足不断增长的数据处理需求,还能够提高资源利用率,降低成本。数字技术能够更高效地处理海量数据。传统的数据处理方式在面对海量数据时,往往显得力不从心。而数字技术则通过分布式计算、并行处理等技术手段,将海量数据分散到多个节

[①] 林吉双:《数字化转型理论与实践》,人民出版社,2023 年版,第 19 页。

点进行处理,从而大大提高了数据处理的速度和效率。数字技术还能够实现信息的高速传输。通过高速网络技术,数字技术能够将数据在不同节点之间快速传输,确保数据的实时性和准确性。这种高速传输的能力,使得企业和组织能够更快地获取和处理信息,从而做出更准确的决策。综上,通过优化资源配置,数字技术能够更高效地处理海量数据,实现信息的高速传输和处理,从而提高工作效率。在未来的发展中,我们应继续深化数字技术的应用,不断优化资源配置,以应对日益复杂的数据处理需求,推动企业和组织的高效发展。

其次,在资源充足、配置合理的环境下,技术人员无需为基本资源发愁,可以将更多精力投入技术研发和创新中。这种保障不仅激发了技术人员的创新热情,也为他们提供了广阔的创新空间。[1] 技术创新是数字技术发展的关键。在资源配置优化的支持下,技术人员能够不断探索新的技术路径,开发出更加先进、高效的数字技术。这些技术的应用不仅提高了生产效率,也为社会带来了更多便利和可能性。随着科技的不断进步,资源配置的优化与技术创新将更加紧密地结合在一起。未来,我们需要进一步优化资源配置机制,为技术人员提供更加良好的创新环境。同时,我们也应鼓励技术人员不断创新,推动数字技术不断向前发展,为社会的进步贡献更多力量。

再次,数字技术的运营成本在很大程度上取决于资源的利用效率。通过优化资源配置,企业可以更加精准地把握

---

[1] 任保平:《数字经济驱动经济高质量发展的逻辑》,人民出版社,2023 年版,第 103 页。

市场需求,提高资源利用效率,降低浪费,从而实现运营成本的降低。通过对市场数据进行深入分析和预测,企业可以更加准确地了解市场需求,从而制定合理的资源配置策略。这有助于避免资源过剩或不足,提高资源利用效率。通过引入先进的资源管理技术,如云计算、大数据等,企业可以实现对资源的实时监控和动态调整。这有助于企业及时发现和解决资源利用中的问题,提高资源利用效率。数字技术涉及多个部门和领域,加强跨部门协作与沟通有助于实现资源的共享和优化配置。通过加强部门间的合作,企业可以更加全面地了解资源利用情况,制定更加合理的资源配置策略。优化资源配置对于降低数字技术的运营成本、提高市场竞争力具有重要意义。企业应当加强对市场数据的分析和预测,引入先进的资源管理技术,加强跨部门协作与沟通,以实现资源的高效利用。同时,随着数字技术的不断发展,未来优化资源配置的策略和方法也将不断更新和完善。因此,企业应当持续关注市场动态和技术发展趋势,不断创新和优化资源配置策略,以应对日益激烈的市场竞争。以某知名电商平台为例,该平台通过引入云计算和大数据技术,实现了对资源的实时监控和动态调整。通过深入分析市场数据和用户行为,该平台能够精准地预测市场需求,从而制定合理的资源配置策略。同时,该平台还加强了与供应商、物流等部门的协作与沟通,实现了资源的共享和优化配置。在这些措施共同作用下,该平台的运营成本大幅降低,市场竞争力得到了显著提升。

第二节　面临的挑战

一、数字技术更新换代的压力

在数字技术的世界里,更新换代的速度已经远远超越了我们的想象。这种快速的技术迭代,不仅带来了前所未有的机遇,同时也带来了巨大的挑战。数字技术更新换代的压力,正是数字技术发展中面临的重要挑战之一。首先,数字技术更新换代的速度快,意味着企业和个人必须不断地学习新的知识和技能。否则,他们就有可能被这个快速发展的时代所淘汰。这种持续的学习压力,不仅要求我们有足够的学习能力,还需要我们有足够的适应力和创新精神。其次,数字技术更新换代的速度快,也带来了市场竞争的加剧。新的技术往往能够提供更好的功能和服务,从而吸引更多的用户和市场份额。这就要求企业和个人必须不断地进行技术创新,以应对市场竞争的压力。再者,数字技术更新换代的速度快,也带来了安全和隐私的挑战。新的技术可能会带来新的安全漏洞和隐私泄露的风险。这就要求我们必须有足够的安全意识和技能,以保障我们的数字资产和数据安全。

随着信息技术的不断进步,数字技术的更新换代周期日益缩短。从最初的计算机语言到现在的人工智能、云计算、大数据等技术,每一次技术的革新都为企业和个人带来了前所未有的机遇和挑战。这种快速的变化要求企业和个人必须时刻保持敏锐的洞察力和前瞻性,紧跟技术发展的步伐。面对数字技术的快速更新换代,企业和个人必须不断地学习新的知识和技能。这不仅是为了适应市场的需求,更是为了保持自身的竞争力。学习不仅是对知识的获取,更是对思维的锻炼和视野的拓展。通过持续学习,企业和个人可以不断地更新自己的知识体系,提高自身的综合素质,为未来的发展打下坚实的基础。在数字技术的浪潮中,企业和个人不仅要有足够的学习能力,还需要具备强大的适应力。适应力是指在面对变化时,能够迅速调整自身状态,适应新环境、新挑战的能力。在数字技术的更新换代中,企业和个人需要不断地调整自己的战略和思路,适应市场的变化和技术的革新。只有具备了强大的适应力,才能在激烈的竞争中立于不败之地。数字技术的更新换代不仅要求企业和个人具备学习能力和适应力,更需要激发创新精神。创新精神是推动社会进步的重要动力,也是企业和个人在竞争中脱颖而出的关键。在面对数字技术的挑战时,企业和个人需要敢于尝试、勇于探索,不断地寻找新的突破点和增长点。通过激发创新精神,企业和个人可以在激烈的市场竞争中脱颖而出,实现自身的价值。

二、数据安全与隐私保护的挑战

数字技术的广泛应用,如云计算、大数据、人工智能等,极大地提高了数据处理和分析的能力,但同时也带来了数据泄露、滥用等风险。这些风险不仅可能导致个人隐私的泄露,还可能对国家安全、社会稳定造成威胁。因此,如何在享受数字技术带来的便利的同时,确保数据安全与隐私保护,成了我们必须面对的挑战。

随着技术的不断进步,黑客的攻击手段也日益复杂多样,如何确保数据在传输、存储、处理过程中的安全,成了技术领域的难题。关于数据安全和隐私保护的法律法规还不够完善,无法完全覆盖数字技术发展过程中出现的各种问题,给数据安全与隐私保护带来了法律上的挑战。[①] 数字技术的快速发展使得数据规模不断扩大,如何有效地管理这些数据,防止数据泄露和滥用,成了摆在我们面前的重要任务。

面对数据安全与隐私保护的挑战,我们需要从多个方面入手,采取综合性的措施。① 加强技术研发:通过加强技术研发,提高数据的安全防护能力,减少数据泄露和滥用的风险。② 完善法律法规:制定和完善关于数据安全与隐私保护的法律法规,为数据安全与隐私保护提供法律保障。③ 强化数据管理:建立完善的数据管理制度和流程,确保数据在传输、存储、处理过程中的安全可控。总之,数字技术的发展过程中面临着数据安全与隐私保护的挑战。我们需要通过加强技术研发、完善法律法规、强化数据管理等多方面的措施,确保数据安全与隐私保护,推动数字技术的健康发展。

三、人才短缺的挑战

当前,数字技术领域的人才短缺已经成为一个全球性问题。从数据分析师、软件工程师到网络安全专家,各类数字技术岗位均面临着人才供给不足的情况。这种短缺不仅体现在数量上,更体现在质量上。许多企业和机构难以找到具备丰富经验和专业技能的数字技术人才,这直接影响了他们的业务发展和创新能力。人才短缺对数字技术的发展产

---

① 本书编写组:《国家数据安全知识百问》,人民出版社,2023 年版,第 114 页。

生了深远影响。首先,它限制了数字技术的创新速度。缺乏足够的人才支持,新的技术理念和应用场景难以快速转化为实际的产品和服务。其次,人才短缺也加剧了数字技术领域的竞争。企业和机构为了争夺有限的人才资源,不得不提高薪酬和福利待遇,这无疑增加了它们的运营成本。最后,人才短缺还可能引发技术安全问题。在网络安全等领域,如果缺乏足够的专业人才,企业和机构的信息安全将面临严重威胁。

为了应对人才短缺的挑战,各方需要共同努力。首先,教育机构应加强对数字技术人才的培养。通过调整课程设置和教学方法,培养出更多具备实际操作能力和创新精神的数字技术人才。教育机构作为人才培养的摇篮,肩负着为社会输送合格数字技术人才的重任。面对数字技术快速发展的现状,教育机构需要及时调整自身的教育策略,以适应社会对数字技术人才的新要求。为了满足社会对数字技术人才的需求,教育机构应当对现有的课程体系进行优化和调整。一方面,要增加与数字技术紧密相关的课程,如数据分析、人工智能原理、机器学习等;另一方面,要注重课程内容的更新,及时将最新的技术发展和行业趋势纳入教学之中。除了课程设置外,教学方法的改进也是培养数字技术人才的关键。教育机构应当采用更加灵活多样的教学方式,如案例分析、项目驱动、在线学习等,以提高学生的实践能力和解决问题的能力。同时,加强与企业的合作,为学生提供更多的实习和实践机会,也是提升学生实际操作能力的重要途径。在数字技术日新月异的今天,创新精神已成为衡量一个技术人才是否合格的重要标准。因此,教育机构在培养数字技术人才时,应当注重对学生创新能力的培养。这包括鼓励学生参与科研项目、举办创新创业大赛、提供创新实践平台等,以激发学生的创新潜能。

其次,企业和机构应建立完善的人才培养和激励机制。通过内部培训、职业规划等方式,提高员工的数字技能水平,同时吸引和留住优秀人才。在数字化时代,企业和机构需要拥有一支具备高度数字技能水平的员工队伍。这些员工不仅能够熟练运用各种数字工具和技术,还能够根据市场需求和企业战略进行创新和优化。因此,企业和机构需要通过内部培训、职业规划等方式,不断提升员工的数字技能水平,使其能够更好地适应市场变化和企业需求。为了有效地提升员工的数字技能水平,企业和机构需要建立一套完善的人才培养机制。这包括制定详细的培训计划、设立专门的培训机构、引入优秀的培训师资等。同时,还需要根据员工的实际情况和需求,提供个性化的培训方案,确保每个员工都能够得到适合自己的培训和发展机会。除了人才培养机制外,企业和机构还需要建立一套有效的激励机制,以吸引和留住优秀人才。这包括提供具有竞争力的薪资待遇、优厚的福利待遇、广阔的职业发展空间等。通过给予员工充分的认可和奖励,可以激发员工的工作热情和创造力,使其更加积极地投入工作中。内部培训和职业规划是人才培养和激励机制的重要组成部分。通过内部培训,员工可以不断提升自己的数字技能水平,增强自身的竞争力。而职业规划则可以帮助员工明确自己的职业发展方向和目标,激发其内在动力,使其更加努力地追求个人成长和发展。

最后,政府也应发挥积极作用,出台相关政策措施,支持数字技术人才的培养和发展。政府应制定长期、稳定的数字技术人才培养政策,明确人才培养的目标、路径和保障措施。通过设立专项资金、建设实训基地、优化专业设置等方式,引导高校、研究机构和企业共同构建多层次、宽领域的数字技术人才培养体系。政府应积极推动校企合作,鼓励企业参与人才培养过程,实现产学研用一体化。通过搭建校企合作平台,促进资源共享、优势互补,让数字技术人才在实践中得到锻炼和成长,同时也为企业输送合格的技术人才。政府应营造良好的创新环境,为数字技术人才的成长和创新提供有力支持。包括完善知识产权保护制度、提供税收优惠和融资支持、举办技术创新大赛等措施,激发人才创新活力,推动数字技术不断突破和应用。政府应加强与国际先进数字技术人才培养机构的交流与合作,引进国际先进的教育理念和教学资源,拓宽我国数字技术人才培养的视野和路径。同时,也应鼓励和支持国内优秀人才参与国际交流,提升我国数字技术人才的国际竞争力。政府应建立健全数字技术人才培养评价体系,明确评价标准和方法,对人才培养过程和结果进行定期评估。通过评价结果的反馈和应用,不断完善人才培养政策,提高人才培养质量和效益。

第四章

未来展望

数字技术为新质生产力的提升注入了新的活力。新质生产力的出现,标志着传统生产力模式的转型和升级,而数字技术则是这场转型的重要驱动力。未来需要进一步营造文化氛围、进一步探究内在机理、进一步开拓多重路径。

数字技术将进一步促进不同产业的深度融合,形成更加完善的产业生态。随着人工智能技术的不断发展,未来的生产体系将更加智能化。智能工厂、智能车间等将成为主流,实现生产过程的自动化、智能化管理。数字技术有助于实现生产过程的绿色化、低碳化。通过智能监控和数据分析,企业可以更加精确地控制能源消耗,推动可持续发展。

第一节　进一步营造文化氛围

文化氛围作为一种软环境,对数字技术的应用和发展具有重要影响。一个开放、包容、创新的文化氛围,能够激发企业和个人的创造力,推动数字技术的广泛应用和持续创新。[1]
相反,保守、封闭的文化氛围则可能阻碍数字技术的推广和
应用。为了营造更好的文化氛围,须做到以下三点:① 加强
科技教育普及,通过普及科技知识,提高公众对数字技术的
认知和理解,为数字技术的应用和发展创造良好的社会环
境;② 鼓励创新实践,鼓励企业和个人在数字技术领域进行
大胆创新和实践,为数字技术的发展提供源源不断的动力;
③ 加强交流合作,加强国内外在数字技术领域的交流合作,
共同推动数字技术的创新和发展。

一、加强科技教育的普及

在数字化时代,科技知识已经成为人们必备的基本素
养。普及科技知识不仅可以提高公众的科学素养,还有助于
公众更好地理解和应用数字技术。通过普及科技知识,公众
可以更加深入地了解数字技术的原理和应用领域,从而更加
积极地参与到数字技术的创新和应用中来。

提高公众对数字技术的认知,需要加强对数字技术的宣
传和推广。一方面,可以通过举办科技展览、科普讲座等活
动,让公众近距离接触和了解数字技术。为了让公众更好地
了解和接触数字技术,举办科技展览和科普讲座等活动显得
尤为重要。科技展览是展示数字技术最新成果的重要平台。
通过展览,公众可以亲眼看见到各种先进的科技产品,如智
能机器人、虚拟现实设备、3D 打印等。这些生动的展示不仅
能够激发公众的好奇心,还能让他们深刻感受到数字技术的

---

[1]　中国科学技术协会编:《中国科学技术协会历次全国代表大会文件
汇编》,人民出版社,2023 年版,第 669 页。

魅力。同时,展览现场通常会有专业人员进行讲解和演示,帮助公众更好地理解数字技术的原理和应用。科普讲座是向公众普及数字技术知识的有效方式。通过讲座,专家学者可以深入浅出地介绍数字技术的发展历程、基本原理和前沿动态。这样的活动不仅有助于提高公众的科学素养,还能帮助他们更好地理解和应用数字技术。同时,讲座通常还会设置互动环节,让公众有机会与专家进行面对面交流,解答心中的疑惑。除了展览和讲座,还可以设置一些互动体验环节,让公众亲身参与数字技术。比如,可以设置虚拟现实体验区,让公众亲身体验虚拟现实技术的魅力;还可以设置编程工作坊,让公众亲手编写程序,感受编程的乐趣。这些互动体验不仅能让公众更加深入地了解数字技术,还能增强他们的科技素养和实践能力。另一方面,可以通过媒体渠道,如电视、网络等,广泛传播数字技术的相关知识,提高公众对数字技术的认知度和理解度。媒体渠道,特别是电视和网络,具有传播速度快、覆盖面广、互动性强的特点。它们不仅是人们获取信息的主要途径,也是推动社会进步和技术革新的重要力量。通过这些媒体渠道,我们可以将复杂的数字技术知识以简单易懂的方式呈现给公众,从而消除数字技术神秘感和距离感。在传播数字技术的相关知识时,我们应当注重内容的多样性和实用性。可以通过制作专题节目、开设在线课程、发布科普文章等形式,向公众介绍数字技术的基本概念、应用领域、发展趋势等。同时,结合具体案例和实践经验,让公众更好地理解数字技术在解决实际问题中的作用和价值。要提高公众对数字技术的认知度和理解度,我们需要采取一系列有效的策略。要注重信息的准确性和权威性,避免误导公众。要针对不同群体的需求和特点,制定个性化的传播方案。此外,还应加强与公众的互动和反馈,及时解答公众的疑问和困惑,不断增强公众对数字技术的兴趣和信心。

良好的社会环境是数字技术应用和发展的重要保障。通过普及科技知识,提高公众对数字技术的认知和理解,可以为数字技术的应用和发展创造更加宽松、包容的社会环境。在这样的环境下,数字技术可以得到更加广泛的应用,也可以吸引更多的创新人才和资金投入到数字技术的研发和应用中来,从而推动数字技术的不断发展和创新。

二、鼓励创新实践

在数字技术的创新实践中,企业和个人扮演着举足轻重的角色。企业作为技术研发和应用的主要力量,应当加大投入,培养创新人才,建立完善的创新机制,为数字技术的创新提供有力保障。个人作为技术创新的生力军,应当积极学习新知识、掌握新技能,勇于挑战传统思维,为数字技术的创新贡献智慧和力量。

为了激发企业和个人的创新热情,我们需要营造一个有利于创新的环境。这包括提供政策支持、资金扶持、人才培养等多方面的措施。同时,我们还应当加强国际合作与交流,学习借鉴国际先进经验,为数字技术的创新实践提供更为广阔的舞台。在鼓励创新的同时,我们还需要注重实效与可持续性。创新不仅仅是技术层面的突破,更应当转化为实际生产力,推动经济社会发展。因此,企业和个人在进行数字技术创新实践时,应当紧密结合实际需求,注重技术的实用性和可持续性,确保创新成果能够真正服务于社会、造福于人民。

数字技术创新不是孤立的,它必须与实际业务需求紧密相连。企业在进行数字技术创新时,应当深入分析市场需求、业务流程、用户体验等因素,确保技术创新能够解决实际问题,提升业务效率,增强竞争力。个人在进行数字技术创新时,同样需要关注个人成长、学习、生活等方面的实际需求,让技术创新服务于个人发展。技术的实用性是衡量技术创新成功与否的重要标准。企业和个人在进行数字技术创新时,应当关注技术的实际应用效果,确保技术能够真正落地生根,产生实际效果。同时,我们还要注重技术的易用性和可访问性,让更多人能够享受到技术创新带来的便利。技术创新不仅要追求短期效益,更要考虑长期发展。因此,企业和个人在进行数字技术创新时,应当注重技术的可持续性,确保技术创新能够与环境、社会、经济等方面的发展相协调。这包括采用环保、节能的技术方案,推动技术创新与社会责任的融合,以及关注技术创新对未来发展可能带来的影响。

三、加强交流合作

数字技术领域的快速发展,既带来了前所未有的机遇,也带来了前所未有的挑战。加强国内外在数字技术领域的交流合作,有助于我们共同应对这些挑战,推动数字技术的持续创新和发展。通过加强交流合作,我们可以共享全球范围内的数字技术研发成果,减少重复研发,提高研发效率。我们可以共同应对数字技术发展带来的伦理、安全等问题,保障数字技术的健康发展。加强交流合作还可以促进数字技术的普及和应用,推动数字经济的快速发展。

深化国内外在数字技术领域的交流合作,是实现数字

技术持续创新和发展的关键。我们应积极拓展合作领域,丰
富合作形式,推动数字技术的全球共享和发展。我们可以加
强与国际先进企业和科研机构的合作,引进国外先进的数字
技术研发成果和经验,提高国内数字技术的整体水平。我们
可以举办国际数字技术交流活动,分享最新的技术成果和趋
势,推动全球数字技术领域的合作与交流。我们还应加强数
字技术的国际标准化工作,推动数字技术的全球统一和规范
发展。

第二节　进一步探究内在机理

数字技术助力新质生产力的内在机理主要体现在创新
驱动、效率提升和智能化转型等方面。首先,数字技术通过
不断创新,推动生产方式、管理方式和组织方式的变革,为新
质生产力的发展提供源源不断的动力。其次,数字技术能够
优化生产流程、降低生产成本、提高生产效率,从而推动新质
生产力的快速发展。再次,数字技术使得生产过程更加智能
化、自动化,减少了对人力的依赖,提高了生产效率和质量。
随着数字技术的不断发展,其在新质生产力中的应用将更加
广泛和深入。

一、数字技术通过不断创新,推动生产方式、管理方式和
组织方式的变革

在生产方式上,数字技术的创新为制造业带来了智能
化、自动化的生产方式。智能化生产方式是数字技术创新在
制造业中的具体体现。通过引入智能设备和系统,制造业可

以实现生产过程的自动化和智能化。例如,智能机器人可以自主完成生产线上的作业,智能传感器可以实时监测生产数据,智能分析系统可以对生产数据进行处理和分析,为生产决策提供有力支持。自动化生产方式是数字技术创新在制造业中的又一重要表现。通过自动化设备和系统的应用,制造业可以实现生产过程的自动化控制,减少人力投入,提高生产效率。自动化生产方式的应用,不仅可以降低生产成本,而且可以提高生产效率和产品质量,增强企业的市场竞争力。数字技术的创新为制造业带来了智能化、自动化的生产方式,但同时也带来了一些挑战。例如,数字化技术的引入需要企业投入大量资金和技术支持,同时也需要培养一支具备数字化技能的人才队伍。然而,面对这些挑战,企业也可以看到数字化技术带来的巨大机遇。通过数字化技术的应用,企业可以提高生产效率,降低生产成本,提高产品质量,增强市场竞争力。数字技术的创新为制造业带来了智能化、自动化的生产方式。这种生产方式的引入和应用,不仅提高了生产效率,降低了生产成本,而且改变了传统的生产模式,为制造业注入了新的活力。面对数字化技术的挑战和机遇,制造业企业需要积极拥抱数字化技术,加强技术研发和应用,培养数字化人才队伍,以适应数字化时代的发展趋势。同时,政府和社会各界也需要加大对制造业数字化转型的支持力度,为制造业的数字化转型提供有力保障。

在管理方式上,数字技术的应用使得管理更加精细化、高效化。在数字化时代,大量的数据成为组织运营的重要资源。通过数据挖掘、分析和应用,管理者能够更深入地了解组织的运营状况,洞察市场的变化,从而制定出更为精准的管理策略。数字技术使得管理决策更加基于数据，减少了人为因素的干扰，提高了决策的科学性和准确性。数字技术如云计算、大数据、人工智能等的运用，使得管理流程得以优化，提高了管理效率。例如，云计算可以实现资源的集中管理和动态分配，提高了资源的利用效率；人工智能可以辅助处理大量的重复性任务，释放了人力资源，使得管理者可以专注于更为复杂的任务。数字技术的应用，不仅提高了管理的效率和精度，也推动了管理方式的创新。例如，通过物联网技术，可以实现对设备的实时监控和预警，提高了设备管理的效率和安全性；通过社交媒体，可以实现与员工的实时互动，增强了组织的凝聚力和向心力。

在组织方式上，数字技术推动了企业组织结构的扁平化和网络化。传统的金字塔式组织结构逐渐被扁平化、灵活的网络组织所取代，这使得企业内部沟通更加顺畅，决策更加迅速。数字技术的广泛应用，使得企业内部的信息传递更加迅速和高效。传统的金字塔式组织结构因其层级多、决策慢而逐渐显露出弊端。数字技术打破了信息壁垒，使得高层管理者能够直接接触到基层的实时信息，减少了决策过程中的信息失真和延误。因此，企业开始逐渐削减中间管理层级，推动组织结构的扁平化。扁平化组织结构的核心特征是层级减少、决策权下放。这种结构能够加快决策速度，提高市场响应能力。同时，扁平化结构有利于激发员工的创造性和主动性，因为员工在决策过程中拥有更多的参与感和话语权。此外，扁平化结构还有助于降低管理成本，提高组织效率。除了扁平化，数字化还推动了企业组织结构的网络化。在网络化组织结构中，企业不再是一个孤立的实体，而是与供应链、合作伙伴、客户等外部组织形成紧密的联系网络。这种结构使得企业能够更好地整合资源，实现协同创新和价值共创。网络化组织结构要求企业具备更强的开放性和包容性，能够吸收和整合外部的智慧和资源。

二、数字技术能够优化生产流程、降低生产成本、提高生产效率，从而推动新质生产力的快速发展

数字技术通过自动化、智能化的生产方式，将传统的手工操作转化为机器自动化生产，大大减少了人为干预，提高了生产流程的精确度和稳定性。传统的手工操作在生产过程中往往受到人为因素的影响，如操作误差、疲劳等因素都可能导致产品质量的不稳定。而数字技术的引入，通过高度自动化的生产线，可以精确控制每一个生产环节，从而大幅度降低人为错误的发生概率。智能化生产不仅仅是简单的自动化，它能够通过传感器、大数据分析等技术，实时监控生产状态，自动调整生产参数，确保生产流程的精确性。这种智能化的管理方式，使得生产更加灵活、高效，能够迅速应对市场变化。数字技术的运用，使得生产过程中的许多环节可以脱离对人工的依赖，从而减少了人为干预。这种减少干预的生产方式，不仅提高了生产效率，更重要的是，它使得生产流程更加稳定，减少了人为因素导致的生产波动。

数字技术的应用，能够大幅度降低生产成本。数字技术能够实现生产设备的智能化和自动化，减少了人工成本和人为错误，提高了生产效率和产品质量。在数字技术的赋能下，生产设备正逐步实现智能化和自动化。通过集成先进的传感器、控制系统和数据分析技术，生产设备能够自主完成复杂任务,减少了对人工操作的依赖。这种智能化和自动化的转变不仅提升了生产线的灵活性和效率,还降低了操作难度,使得生产过程更加稳定可靠。数字技术的引入显著降低了生产成本。一方面,通过自动化和智能化生产,企业可以减少对人力资源的依赖,从而降低人工成本。另一方面,数字技术还能有效减少人为错误。由于生产过程的高度自动化和精确控制,人为因素导致的失误和偏差大幅减少,从而提高了生产效率和产品质量。数字技术的应用使得生产设备能够在高速运转的同时保持高精度和高稳定性。这不仅提高了生产效率,还确保了产品质量的稳定性和可靠性。此外,通过实时数据分析和监控,企业能够及时发现生产过程中的问题并进行调整,从而进一步提升生产效率和产品质量。随着数字技术的不断创新和进步,其在生产设备智能化和自动化方面的应用将更加广泛和深入。未来,我们可以期待更加智能、高效的生产设备出现,为制造业带来更大的变革和发展。

数字技术的应用,能够显著提高生产效率。数字技术能够实现生产设备的自动化和智能化,大幅度提高了生产速度和产量。数字技术能够实现生产流程的数字化管理,提高了生产流程的精确度和稳定性,减少了生产过程中的错误和延误。数字技术还能够帮助企业实现生产计划的智能化和优化,提高了生产计划的准确性和灵活性。

三、数字技术使得生产过程更加智能化、自动化,减少了对人力的依赖,提高了生产效率和质量

数字技术的引入使得生产过程实现了从传统的依赖人

力到智能化的转变。借助物联网、大数据、云计算等先进技术，生产过程得以实时监控、预测和优化。智能生产系统能够根据实时数据自动调整生产参数，确保生产过程的高效、稳定。此外，人工智能技术还能够在生产过程中自动识别和解决潜在问题，提高生产的安全性和可靠性。

数字技术的运用使得许多原本需要人力完成的工作得以自动化。自动化生产线能够自动完成物料搬运、加工、检测等环节，极大地降低了对工人的需求。这不仅降低了企业的人力成本，还有助于解决劳动力短缺问题。同时，自动化生产还能够提高生产的一致性和准确性，进一步提升产品质量。

数字技术的应用使得生产过程更加精确、高效。智能生产系统能够实时分析生产数据，优化生产流程，提高生产效率。此外，数字技术还能够提高生产过程的透明度和可追溯性，使得企业能够及时发现并解决问题。这有助于提高生产质量，降低不良品率，提升企业竞争力。

数字技术的广泛应用使得生产过程更加智能化、自动化，减少了对人力的依赖，提高了生产效率和质量。未来，随着数字技术的不断发展，其在生产过程中的作用将更加显著。企业应积极拥抱数字技术，推动生产过程的智能化、自动化，以提高生产效率和质量，实现可持续发展。同时，政府和社会各界也应加大对数字技术的研发和推广力度，为产业升级和经济发展提供有力支持。

面对数字技术的浪潮，企业需紧跟时代步伐，不断创新生产模式，以适应日益激烈的市场竞争。同时，还应关注人才培养和技术创新，为数字技术在生产过程中的广泛应用提供有力保障。只有这样,才能在数字化时代中立于不败之地,为社会的繁荣和进步做出更大贡献。

第三节　进一步开拓多重路径

数字技术在新质生产力提升中能发挥重要作用。数字技术通过大数据分析、云计算等手段,实现资源的精准匹配和高效利用,提升生产效率和经济效益。数字技术为创新研发提供了强大的支持,通过模拟仿真、虚拟现实等技术,加速新产品、新工艺的研发过程。数字技术能够提升生产过程的自动化和智能化水平,降低人力成本,提高生产效率和产品质量。

数字技术助力新质生产力的多重现实路径有以下几种。① 数字化转型:企业应积极拥抱数字化转型,通过引入先进的数字技术和解决方案,推动生产方式和管理模式的创新。② 强化人才培养:加强数字技术相关人才的培养,提升企业员工的数字素养和技能水平,为数字技术的广泛应用提供人才保障。③ 加强技术研发:加大技术研发投入,推动数字技术的不断创新和突破,为新质生产力的提升提供技术支撑。④ 深化产业融合:促进数字技术与其他产业的深度融合,推动产业链、创新链的协同发展,形成新的竞争优势。

一、数字化转型

数字化转型是企业顺应时代发展的必然选择。在全球经济一体化和信息化的背景下,企业面临着激烈的市场竞争和不断变化的客户需求。数字化转型能够帮助企业提高生产效率、降低成本、优化资源配置,从而提升企业的核心竞争力。同时,数字化转型还能够推动企业实现绿色发展、可持续发展,为社会创造更大的价值。

为了实现数字化转型,企业应积极引入先进的数字技术和解决方案。首先,企业可以利用大数据、云计算等技术,实现数据的收集、存储和分析,从而洞察市场趋势、客户需求和行业动态。大数据和云计算技术为企业提供了前所未有的数据处理和分析能力。大数据技术允许企业收集海量数据,并从中提取有价值的信息;而云计算技术则为企业提供了强大的计算和存储能力,使得数据处理更加高效和便捷。这些技术的结合,使得企业能够更好地应对市场变化,把握客户需求,以及洞察行业动态。企业需要构建完善的数据收集体系,从各个渠道收集数据,包括客户行为数据、市场数据、竞争对手数据等。利用云计算技术,企业可以建立强大的数据存储系统,实现数据的安全、高效存储。通过数据收集和存储,企业可以为后续的数据分析提供充足的数据基础。在数据收集和存储的基础上,企业需要利用大数据和云计算技术进行深入的数据分析和挖掘。此外,企业还可以利用这些技术进行预测性分析,为未来的市场变化做好准备。基于数据分析和挖掘的结果,企业可以更加准确地了解市场趋势、客户需求和行业动态,从而优化业务决策。例如,企业可以根据客户需求调整产品策略,提高客户满意度;根据市场趋势调整市场策略,拓展市场份额;根据行业动态调整竞争策略,保持竞争优势。通过大数据和云计算技术的支持,企业可以实现更加科学、精准的业务决策,提高市场竞争力。总之,企业可以利用大数据、云计算等技术实现数据的收集、存储和分析,从而洞察市场趋势、客户需求和行业动态。通过有效地运用这些技术,企业可以优化业务决策,提高市场竞争力。然而,在利用大数据和云计算技术的过程中,企业也需要关注数据安全、数据质量和技术成本等问题,并采取相应的应对策略。只有这样,企业才能在激烈的市场竞争中立于不败之地。

其次,企业可以运用人工智能、物联网等技术,提高生产自动化水平,优化生产流程,提高产品质量。在科技日新月异的今天,企业面临着前所未有的发展机遇和挑战。为了应对这些挑战并抓住机遇,许多企业开始积极运用人工智能(AI)和物联网(IoT)等先进技术,以提高生产自动化水平,优化生产流程,以及提高产品质量。这些技术的应用,不仅有助于企业提升竞争力,还能为消费者带来更高品质的产品和服务。人工智能技术在生产自动化方面发挥着重要作用。通过引入智能机器人、自动化生产线等设备,企业可以实现生产过程的自动化和智能化。这不仅可以降低人力成本,提高生产效率,还能减少人为错误,确保产品质量。物联网技术通过将各种设备和传感器连接起来,实现数据的实时采集和分析。企业可以利用这些数据,对生产流程进行实时监控和优化,确保生产过程的顺利进行。此外,物联网技术还可以帮助企业实现远程监控和管理,提高生产管理的效率和灵活性。提高产品质量是企业持续发展的关键因素之一。通过运用人工智能和物联网等技术,企业可以实现对产品质量的全面监控和持续改进。这些技术可以帮助企业及时发现生产过程中的问题,并采取有效措施进行改进,从而确保产品质量的稳定和提升。虽然人工智能和物联网等技术在提高生产自动化水平和优化生产流程方面具有显著优势,但企业在实际应用过程中仍面临着技术成本、数据安全等方面的挑战。未来,随着技术的不断发展和完善,这些挑战有望得到逐步解决。同时,随着5G、云计算等新技术的不断涌现,企业将有更多机会运用这些先进技术,进一步提高生产自动化水平和产品质量,实现更高效的生产和更优质的服务。总之,运用人工智能、物联网等技术,提高生产自动化水平,优化生产流程,提高产品质量,已成为企业发展的必然趋势。面对未来,企业应积极拥抱新技术,加强技术研发和应用,不断提升自身竞争力,为消费者提供更高品质的产品和服务。同时,政府和社会各界也应加强合作,共同推动这些技术的普及和发展,为企业创造更加良好的发展环境。

数字化转型不仅要求企业引入先进的数字技术和解决方案,还要求企业推动生产方式和管理模式的创新。在生产方式方面,企业可以通过数字化技术实现生产过程的智能化、柔性化,提高生产效率和产品质量。在管理模式方面,企业可以运用数字化技术优化管理流程,提高决策效率和执行力。同时,企业还应注重培养数字化人才,为数字化转型提供有力的人才保障。

二、强化人才培养

面对数字技术的快速发展,企业和组织应当高度重视数字技术相关人才的培养。这包括在高等教育中增加相关课程,培养更多具备数字技术背景的专业人才;同时,企业内部也应设立专门的培训项目,针对不同岗位的员工进行数字技术的培训和提升。企业应通过定期的培训、讲座、研讨会等形式,提升员工的数字素养,使其能够更好地适应数字工作环境。这包括但不限于数据分析、网络安全、信息筛选等方面的知识和能力。企业应为员工提供实际操作的机会,通过实践来提升员工的技能水平。此外,还可以通过与高校、研究机构等合作,引入先进的数字技术,为员工提供更加专业的培训。在加强数字技术相关人才的培养和提升员工数字素养的基础上,企业应建立一套完善的人才激励机制,鼓励员工积极学习和应用数字技术。同时,还应营造良好的企业文化氛围,使数字技术的应用成为企业发展的新动力。

首先,企业应通过定期的培训、讲座、研讨会等形式,提升员工的数字素养。数字素养是指个体在数字环境下所具备的基本技能、知识和态度。对于企业而言,员工的数字素养直接关系到企业的竞争力。具备数字素养的员工能够更好地应对数字化转型带来的挑战,提高工作效率,推动企业创新发展。企业应定期开展数字技能培训,包括数据分析、云计算、人工智能等领域的知识和技能。通过培训,员工可以掌握最新的数字技术,提升个人能力,为企业创造更大的价值。同时,企业应建立完善的培训机制,确保培训内容的实用性和针对性。除了技能培训,企业还应组织定期的讲座和研讨会,邀请行业专家分享数字技术的最新动态和应用案例。通过讲座和研讨会,员工可以拓宽视野,了解行业趋势,激发创新思维。此外,讲座和研讨会还可以促进员工之间的交流与合作,形成良好的学习氛围。

其次,企业应为员工提供实际操作的机会,通过实践来提升员工的技能水平。在实践中,员工会遇到各种问题和挑战,这些问题和挑战将促使他们不断思考、探索和创新。通过解决这些问题,员工的技能水平将得到极大的提升。此外,实践还能培养员工的团队合作精神、沟通能力和解决问题的能力,使他们在工作中更加得心应手。为了提升员工的技能水平,企业应积极为员工提供实际操作的机会。这可以通过制定实践培训计划、设立实践岗位、开展实践项目等方式实现。企业应鼓励员工参与实践,为他们提供必要的指导和支持,确保他们在实践中能够取得良好的学习效果。员工技能水平的提升将直接促进企业的发展。具备高技能水平的员工能够为企业创造更多的价值,推动企业的技术进步和创新。同时,企业的发展也将为员工提供更多的实践机会和平台,进一步促进员工技能水平的提升。这种相互促进的关系将使企业和员工在共同发展中实现双赢。总之,企业应充分认识到实践在提升员工技能水平方面的重要作用,积极为员工提供实际操作的机会。通过实践,员工将能够更好地掌握和运用所学知识,提升个人技能水平,为企业的发展贡献更多的力量。同时,企业也应不断完善实践培训机制,确保员工在实践中得到充分的锻炼和成长。只有这样,企业才能在激烈的市场竞争中立于不败之地,实现持续稳健的发展。

再次,企业应建立一套完善的人才激励机制,鼓励员工积极学习和应用数字技术。在数字化时代,企业的核心竞争力在很大程度上取决于人才的素质和技能。为了吸引和留住高素质人才,企业必须提供具有吸引力的激励机制。这些机制不仅能够帮助企业吸引外部人才,还能够激发内部员工的积极性和创造力,推动企业的持续发展。第一,企业应设立与数字技能水平相匹配的薪酬体系,确保员工的学习成果能够得到相应的回报。将薪酬与数字技能水平直接挂钩,能够激励员工主动提升自己的数字技能,从而适应企业发展的需要。具备高水平数字技能的员工队伍,将使企业在数字化转型中更具竞争力,快速响应市场变化。通过薪酬体系的设计,能够推动组织内部形成浓厚的学习氛围,实现知识的有效传递和共享。薪酬体系应确保每位员工的付出都能得到相应的回报,避免出现技能与薪酬不匹配的情况。薪酬体系的设计和实施过程应公开透明,确保员工了解并认同薪酬与技能水平的关系。随着技术的更新换代,薪酬体系应具备一定的灵活性,能够适应技能要求的变化。企业应首先明确不同数字技能水平的标准和要求,以便为薪酬体系提供明确的依据。定期对员工的数字技能进行评估,并根据评估结果调整薪酬体系,确保其与技能水平保持一致。企业应为员工提供必要的培训和支持,帮助他们提升数字技能,从而实现薪酬的增长。第二,应提供清晰的职业晋升通道和培训计划,让员工看到自己在企业中的未来。企业应制定明确的晋升通道和标准,让员工清楚自己的职业发展方向。这不仅包括职位晋升的路径,还应涵盖专业技能提升和职业转型的可能性。通过明确的晋升通道,员工可以更有针对性地规划自己的职业生涯,不断提升自己的能力和价值。同时,企业应根据员工的能力和表现,提供公平、公正的晋升机会,激发员工的潜能,促进企业的整体进步。除了明确的晋升通道外,企业还应提供系统的培训计划,帮助员工不断提升自己的专业技能和知识水平。培训计划应根据员工的实际需求和企业的发展需要来制定,既包括短期内的技能提升,也包括长期的职业发展规划。通过培训,员工可以更好地适应企业的发展需求,提升自己的职业竞争力,同时也为企业的发展提供有力的人才保障。企业应关注员工的成长和发展,为员工提供一个良好的工作环境和学习氛围。通过定期的绩效评估和反馈,企业可以帮助员工认识自己的优势和不足,明确未来的发展方向。同时,企业还应构建积极向上的企业文化,鼓励员工之间的合作与交流,激发员工的创新精神和团队协作能力,共同推动企业的繁荣发展。

三、加强技术研发

技术研发投入是推动科技创新的基石。随着科技的飞速发展,数字技术已成为引领新一轮科技革命和产业变革的关键力量。加大技术研发投入,不仅能够加速数字技术的更新换代,更能够为企业乃至整个社会的创新活动提供源源不断的动力。数字技术的创新与突破是推动新质生产力提升的关键。在云计算、大数据、人工智能等前沿技术的推动下,数字技术的边界正在不断拓展。通过加大技术研发投入,我们可以不断突破技术瓶颈,实现数字技术的跨越式发展,为新质生产力的提升提供坚实的技术支撑。新质生产力的提升,离不开技术的有力支撑。通过加大技术研发投入,推动数字技术的不断创新和突破,我们可以实现生产效率的显著提升,推动产业结构的优化升级,进而促进整个社会的经济繁荣。加大技术研发投入,推动数字技术的不断创新和突破,对于新质生产力的提升具有重大意义。

我们应当充分认识到技术研发的重要性,不断加大投入力度,为数字技术的持续创新提供有力保障,从而推动新质生产力的不断提升。在数字经济时代,技术创新是推动发展的核心动力。我们必须加大资金、人才、设备等各方面的投入,支持数字技术的基础研究和应用研究。通过设立专项基金、优化政策环境、吸引高端人才等措施,为数字技术的创新提供充足的资源保障。产学研合作是加快技术创新转化的有效途径。我们应积极推动企业、高校和研究机构之间的深度合作,建立产学研一体化的创新体系。通过共享资源、共担风险、共创价值,加速数字技术从实验室走向市场的进程,推动新质生产力的快速提升。创新环境的优劣直接影响到技术创新的活力和效果。我们要不断优化创新环境,营造开放、包容、协同、创新的良好氛围。通过简化审批流程、降低创新成本、加强知识产权保护等措施,激发企业和个人的创新热情,推动数字技术不断取得新突破。人才是技术创新的根本。我们要高度重视数字技术领域的人才培养工作,建立健全人才培养体系。通过高校教育、职业培训、人才引进等多种渠道,培养一批既懂技术又懂市场的复合型人才,为数字技术的持续创新提供坚实的人才支撑。数字技术正处于快速发展和变革的关键时期。我们要立足当前,着眼未来,积极布局新兴领域。在云计算、大数据、人工智能、物联网等新兴技术领域加大投入力度,抢占技术制高点,为经济社会发展注入新的动力。总之,不断加大投入力度,为数字技术的持续创新提供有力保障,是推动新质生产力不断提升的必由之路。我们要以更加开放的姿态、更加务实的作风、更加有力的措施,推动数字技术创新不断取得新突破,为经济社会持续健康发展注入强大动力。

四、深化产业融合

数字技术的快速发展,为传统产业提供了前所未有的创新空间。通过大数据、云计算、人工智能等技术的应用,可以有效提升传统产业的效率和质量,实现产业升级和转型。同时,数字技术也为新兴产业提供了强大的支持,推动了新产业、新业态的蓬勃发展。数字技术与其他产业的深度融合,是推动产业升级的重要途径。[①] 通过数字技术对传统产业进行改造,可以实现生产过程的智能化、精细化,提高产品附加值和市场竞争力。同时,数字技术还可以促进不同产业之间的融合,形成跨界合作,创造新的增长点。在产业链和创新链的协同发展中,数字技术发挥着重要的纽带作用。通过数字技术,可以加强产业链上下游企业之间的信息沟通和协作,提高整个产业链的效率和竞争力。同时,数字技术还可以促进创新链的完善,为创新活动提供强大的技术支持和平台,推动创新成果的快速转化和应用。

数字技术与其他产业的深度融合,以及产业链、创新链的协同发展,将为我国形成新的竞争优势提供有力支撑。随着大数据、云计算、人工智能等数字技术的广泛应用,传统产业正经历着前所未有的变革。数字技术能够优化生产流程、提高管理效率、降低运营成本,为传统产业的转型升级注入了新动力。例如,智能制造通过集成信息技术和制造技术,实现了生产过程的自动化、智能化,大大提高了生产效率和产品质量。数字技术的快速发展不仅改造了传统产业,更催生了众多新产业、新业态、新模式。数字经济、数字创意、数字零售等领域成为新的经济增长点,为经济发展注入了新活力。同时,数字技术还促进了服务业的数字化升级,推动了

---

① 杨东占:《创新驱动发展战略研究》,人民出版社,2017 年版,第 37 页。

共享经济、在线教育、远程医疗等新型服务业态的快速发展。数字技术与其他产业的深度融合,促进了产业链、创新链的协同发展。一方面,数字技术为产业链各环节提供了更加高效、智能的解决方案,推动了产业链的优化升级。另一方面,数字技术的创新应用也催生了新的创新链,为产业链的创新发展提供了源源不断的动力。这种协同发展的模式有助于形成更加完整、高效的产业生态,提升我国在全球产业链中的竞争力。

数字技术与其他产业的深度融合以及产业链、创新链的协同发展,将为我国形成新的竞争优势提供有力支撑。[1] 一方面,数字技术将提升我国产业的整体效率和创新能力,推动产业向高端化、智能化方向发展。在生产制造领域,数字化技术能够实现生产流程的自动化、智能化,显著提高生产效率。在供应链管理方面,数字技术可以实现实时数据分析与预测,优化库存管理和物流配送,降低运营成本。在销售与服务环节,数字技术能够精准分析消费者需求,提供个性化的产品和服务,提升客户满意度。数字技术为产业创新提供了强大的支持。数字技术能够实现对海量数据的快速处理和分析,为产品研发、市场策略制定等提供数据支持。数字技术本身也在不断创新发展,如人工智能、区块链等新兴技术为产业创新提供了更多可能性。数字技术还可以促进跨界融合,推动不同产业之间的互联互通,产生新的商业模式和业态。随着数字技术的深入应用,我国产业将逐渐向高端化、智能化方向发展。高端化体现在产品质量、服务水平

---

[1] 李庆伟:《互联网＋驱动我国制造业升级效率测度与路径优化研究》,人民出版社,2020年版,第97页。

的提升以及产业结构的优化升级。智能化则体现在生产过程的自动化、智能化以及产品和服务的智能化。数字技术将助力我国产业实现由大到强的转变,提升国际竞争力。另一方面,数字技术的广泛应用将促进产业结构的优化升级,推动我国经济实现高质量发展。数字技术的广泛应用正在推动产业结构的优化升级。传统产业通过引入数字技术,实现了生产方式和管理模式的创新,提高了产业的整体竞争力。同时,新兴产业的崛起也为经济发展注入了新的活力。数字技术与制造业、农业、服务业的深度融合,促进了产业链的延伸和价值链的提升。数字技术的应用不仅促进了产业结构的优化升级,也为我国经济实现高质量发展提供了有力支撑。在创新驱动发展战略的指引下,数字技术成为推动经济增长的重要引擎。通过数字技术的广泛应用,我国经济在保持中高速增长的同时,也实现了质量的稳步提升。展望未来,随着数字技术的不断创新和普及,其在促进产业结构优化升级和推动经济高质量发展中的作用将更加凸显。我们需要继续加强数字技术的研发和应用,推动数字经济与实体经济深度融合,为实现经济持续健康发展注入新的动力。